제임스 와트

James Watt
by
Andrew Carnegie
(1905)

제임스 와트

증기로 세상을 바꾸다

앤드류 카네기 지음 | 이은종 옮김

주영사

머리말

 와트의 일생에 대해 집필해 달라고 부탁받았을 때 나는 다른 문제에 관심이 있다고 말하며 그 부탁을 거절했다. 그 문제는 내가 생각했던 대로 해결되었지만 나는 실수를 했다. 증기 엔진은 나에게 부를 가져다준 도구인데, 내가 증기 엔진을 만든 사람의 생애를 쓰지 못할 이유가 있을까? 증기 엔진의 역사와 와트에 대해 거의 알지 못하니 그것을 아는 가장 확실한 길은 출판사의 매우 치켜세우는 부탁에 따르는 것이었다. 요약하자면 그 주제는 재미 없지 않을 것이므로, 마침내 나는 그 생각이 계속 나를 따라다녔다고 말하고서 어쩔 수 없이 쓸 수 밖에 없었다. 그리고 출판사가 여전히 내가 그 일을 해주기를 바랐다면 나는 전심을 다해 그 일을 해야 했다.
 이제 나는 증기 엔진에 대해 알며, 지구에 축복을 주었던 가장 훌륭한 한 사람도 알게 되었다. 이 모든 것 때문에 나는 출판사에 깊이 감사한다.
 나의 원고를 과학적, 기계적 관점에서 편집해 준 친구 앵거스 싱클레어와 에드워드 R. 쿠퍼 씨에게 신세를 졌다.

그 결과물이 이 책이다. 사람들이 이 책을 읽으면서 내가 이 책을 쓰면서 얻었던 기쁨을 얻는다면 나는 충분히 보상을 받는 것이다.

앤드류 카네기

차례

머리말·4

- 1장. 유소년기·9
- 2장. 글래스고에서 런던으로, 다시 글래스고로·31
- 3장. 증기에 사로잡히다·55
- 4장. 로벅과의 동업·81
- 5장. 볼턴과의 동업·103
- 6장. 버밍엄으로 이주·141
- 7장. 두 번째 특허·187
- 8장. 증기 엔진의 기록·237
- 9장. 노년의 와트·255
- 10장. 발명가이자 발견자인 와트·267
- 11장. 그 사람 와트·279

1장
유소년기

    제임스 와트는 1736년 1월 19일 그리넉에서 태어났다. 그는 스코틀랜드 명문가 출신이라는 이점을 타고났다. 그의 증조할아버지는 엄격한 장로파 맹약자였다. 증조할아버지는 클레버하우스의 그레이엄이 스코틀랜드를 탄압하던 중 싸웠던 1644년 9월 12일의 디 브리지 전투에서 죽었다. 증조할아버지는 애버딘셔의 농부였고, 증조할아버지가 죽자 가족은 농가에서 쫓겨나 살던 지역을 떠나야만 했다.

    와트의 할아버지 토머스 와트는 1642년에 태어났다. 할아버지는 지금 그리넉의 일부이자 당시 인접해 있던 크로퍼드의 방조제에서 길을 찾았다. 그리고 그곳에서 수학 학교를 설립해 수학을 가르쳤으며, 지역의 어부들과 선원들에게 항해술을 가르쳤다. 그렇게 작고 가난한 지역 사회에서 성공한 것은 그의 능력에 대한 찬사로는 작은 것이 아니다. 그는 능력이 확고하고 기민함을 타고난 탓에 그런 사람들이 그러듯이 금세 오르기 시작했다. 그가 살던 지역의 영주는 그를 중요한 사법 업무를 수행하는 베일리 남작으로 임명했다. 그는 크게 존경을 받고 명예로운 높은 지위인 베일리와 장로의 자리에 올랐다. 이어서 그는 그리녁에 있는 한 주택을 사들여 그곳에 정착해 초기 시민 중 한 명이 되었다. 그는 죽기 전까지 이런저런 사업들을 세웠는데, 배를 수리하거나 배에 물품을 공급하는 것들이었다. 그리고 항해에 필요한 도구와 컴퍼스, 사분의 등을 수리했다. 그는 그것들에 언제나 손수 특별히 관심을 기울였다.

완고한 장로파 맹약자의 아들로서 할아버지는 1683년의 주교 성직제를 찬성하는 선서를 하라는 요구를 거절하는 바람에 "법을 어기며 공무를 수행하는 무분별한 학교장"으로 선언받았다. 그러나 그는 계속 가르쳤다. 몇 년 후 그리녁 장로회는 그의 불복종에도 불구하고 그가 "삶과 대화에서 흠이 없다"고 보고 그를 장로로 임명했다. 장로는 사람들의 종교의식뿐만 아니라 도덕과 태도도 감독하는 역할이었다. 장로의 이런 의무에서 중요한 하나는 존 녹스의 저 귀중한 명령에 따라 젊은이를 교육받게 하는 것이었다. "부모는 자신의 재산이나 조건이 어떻든 특별히 소년기에 있는 자녀를 자신의 맘대로 이용해서는 안 되며, 모두가 배움과 미덕을 따라 양육될 수 있도록 해야 한다." 여기서 우리는 그 시작부터 스코틀랜드가 그렇게 진보할 수 있었던 비결인 모든 사람을 위한 의무 교육의 교리를 본다. 존 녹스가 교회 현장에서 했던 역할이 훌륭했듯이, 그가 공교육의 목적을 위해 한 일은 아마도 그것을 능가할 것이다. 스코틀랜드의 모든 교구에 공립학교가 있을 때까지 결코 쉬지 않을 것이라고 선포했던 그 사람은 스코틀랜드의 은인 중에서 언제나 최고의 위치를 차지해야 한다. 아마도 보편적 의무 교육을 통해 국가의 성격에 끼친 영향의 범위와 질이라는 면에서 무엇보다 중요했기 때문이다.

의회가 1696년의 법을 통과시킨 그해에 마침내 존 녹스의 열망은 성취되었으며, 와트의 할아버지가 장로로 있을 때에 그리녹은 교구 학교를 신속하게 준비했고, 나이 든 "수학 교사"가 중요한 역할을 놓치지 않았다는 것을 우리는 확신할 수 있다.

토머스 와트의 아들은 위대한 발명가의 아버지로서, 아

버지의 죽음 이후 아버지의 발자취를 따라갔다. 그는 조선공, 계약자, 공급자 등으로 일하면서 가장 섬세한 도구들을 만드는 기술로 유명해졌다. 그는 집 뒤에 상점을 지었고, 그 상점은 수 명, 때로는 14명의 사람이 상시로 일할 수 있는 수요에 맞는 정도였다. 아버지처럼 그도 지역 사회에서 지위와 영향력이 있는 사람이 되었고 누구에게나 존경을 받았다. 그의 유명한 아들이 태어난 후까지 그는 번영했다. 하지만 귀중한 배를 잃어버리고, 다른 불행들이 뒤따르자, 그가 모은 상당한 금액의 재산 대부분이 날아갔다. 그러자 본래 의도했던 아들 제임스가 가업을 잇는 대신에 사업을 하도록 가르쳐야겠다고 결심한다.

이것은 우리가 살펴볼 주제에도 행운인 것이며, 특별히 세상에도 행운이었다. 그는 몰리 씨가 미들랜드연구소에서 했던 연설처럼 몰락하는 후계자가 받을 수 있는 최고의 유산이라는 혜택을 받는다. 그것은 "어린 나이에 세상으로 나가 자신을 부양하는 데 필요한 수단을 위해 일하는 것"이다. 가필드 대통령의 의견 "가난은 사람이 가지고 태어날 수 있는 최고의 유산이다"도 같은 맥락이다. 백만장자의 아들들에게 주었던 백만금의 일반적 효과에 대해 내가 알고 있는 것도 이 높은 권위자들의 의견과 완전히 일치한다. 그리고 나는 인간 사회가 스스로 보존하고 향상하기 위해 필요한 사람은 부자나 귀족이 아니라, 사회의 벌통에서 수벌이 아니라 꿀벌처럼 살기 위해 일해야 하고 그렇게 받은 것을 적절히 돌려주는 와트와 같은 사람이라고 믿는다. 궁전이나 성이 아니라 오두막집에서 온 사람이 우리 종족의 지도자였거나 지도자일 수 있으며, 그런 지도자의 지도를 받아 높아져야 한다.

우리에게는 증조부, 할아버지, 아버지 모두 유능하고 성공한 남자이자, 동료들에게 도움을 주며 성장했던 꾸준한 발전의 특징을 보인 3대에 걸친 훌륭한 기록이 있다. 그들은 친절하고 사려 깊고, 이웃에게 신뢰와 애정을 얻고, 흠이 없는 기록을 남긴 사람들이다.

그 가문의 남자들에 대해서는 이쯤 하기로 하자. 이것은 오직 절반일 뿐이다. 증조할머니와 어머니도 똑같이 중요할까? 우리는 일하기 위해 태어난 스코틀랜드 소년이 그의 어머니가 유모, 하인, 가정교사, 선생님, 성도의 역할을 한몸에 감당한다는 것을 알기 전까지는 그가 무엇이 될지, 어떻게 될지 예측할 수 없다.

우리는 와트 가의 여자들을 남자들만큼 주의 깊게 바라보아야 한다. 그리고 다행히도 우리는 바라는 모든 것을 발견한다. 와트의 어머니는 아그네스 뮤어헤드였다. 그녀는 라콥의 뮤어헤드의 후손으로 1122년의 데이비드 왕 치세 전까지 거슬러 올라간다. 스콧은 《스코틀랜드 국경의 음유시인》에서 "뮤어헤드의 지주"라는 민요를 알려 준다. 뮤어헤드는 이 불안정한 시절에 큰 역할을 했다.

와트 가의 3대를 특징짓는 좋은 판단력은 제임스 와트의 아버지가 구혼을 하고 마침내 승낙을 얻었던 숙녀에게서보다 더 분명하게 드러난 곳이 없다. 그녀는 존경받고 조용한 몸가짐으로 "마음이 따뜻할 뿐 아니라 품위가 있는 사람으로 이웃에게 존경을 받았고, 명랑한 성격과 훌륭한 가사 능력 못지않게 건강한 감각과 좋은 태도에서도 돋보였다"고 묘사되었다. 그녀의 닮은 모습은 그렇게 그려지며, 그녀에 관해 우리가 다른 곳에서 읽은 모든 것이 그 초상이 사실이라는 것을 확인한다. 윌리엄슨은 말한다.

그(토머스 와트)가 일찍감치 결혼한 그 여자는 아그네스 뮤어헤드라는 숙녀로서, 좋은 머리와 우수한 자질이 있으며, 가사를 탁월하게 관리하는 솜씨는 자리를 잡는 순서 뿐만 아니라 가정의 쾌활한 매일의 행복에 많은 기여를 한 것으로 보인다. 그녀는 여러 면에서 위와 같은 사람으로 묘사되었다. 훌륭한 여성으로서의 존재감, 숙녀다운 외모, 세간에 신경을 쓰는, 우리의 전통에 따르면 당시에는 오히려 높은 삶의 양식으로 여겨졌을 것이다. 그런 양식에 무엇이 있는지는 독자 스스로 판단해야 할 것이다. 그런 점들을 알려 주었던 나의 정보원 중의 한 사람은 덕망 있는 부인으로, 지금으로부터 20년 전인 85세의 나이에 그 소중한 베일리 부인에 대해 특별한 관심을 보이며 활기차게 말하곤 했다. 그 집 안주인의 예를 들자면, 방금 언급한 그 늙은 부인은 자신이 소녀였을 때 와트 부인의 집에 놀러 갔을 때의 경험을 말한다. 집으로 돌아와서 그녀는 어머니에게 어린이처럼 놀라며 순박하게 이야기했다고 한다. "엄마. 와트 부인은 식탁에 양초를 두 개씩이나 켜 놓아요!" 이것과 다른 것들을 회상하면서 그 명망 있는 정보원은 제임스 와트의 어머니를 크고 특징 있는 시골 사투리로 묘사했다. "정말이지 아주 멋진, 멋진 부인이었어요. 지금껏 그런 부인을 본 적이 없었죠."

또한 와트 부인이 품위 있는 숙녀이면서 이웃에게 항상 친절하고 도움을 주는 여자라는 증언도 있다.

와트 가문은 몇 대에 걸쳐 꾸준히 향상되고 발전되었다. 아그네스 뮤어헤드가 시집온 후로 위대한 발전이 있었다. 우리는 오래된 집안의 혈통이 지속되기가 얼마나 힘든지 쉽게 잇는다. 예를 들어 현재 세실 가문 출신의 후작은 세실 혈통의 4천분의 1에 지나지 않는다. 12번의 결혼은 절반으로 줄었다. 그리고 그 가문을 최근에 완전히 새 것 같이 위대하게 회복시킨 인물은 전 총리와 그의 아들인 똑똑한 젊은 국회의원이다. 이 위대한 일은 이미 예견되었는데, 그것은 세실 가문으로 두 명의 신부라는 완전히 새로운 피가 연속해서 들어온 것 때문이다. 그들은 세상을 향해 자신의 길을 만들었던 평민의 딸들이다. 한 명은 전 총리의 어머니이고, 다른 한 명은 전 총리의 부인이자 그의 아들의 어머니이다. 세 번의 결혼이 있었던 와트 가문도 마찬가지다. 그러므로 우리의 와트는 본래의 와트 혈통에서 8분의 1이고, 8분의 7은 그 가문에 시집온 세 명의 숙녀들 것이다. 아그네스 뮤어헤드 자질의 숙녀가 그 집안으로 들어오자 훌륭한 결과를 낳았다. 그녀는 설명하기 힘든 기운이 있는 탁월한 성격의 소유자였고, 교육을 잘 받았으며, 매우 똑똑한 머리와 친절한 마음, 그리고 훌륭한 일에 쉽게 손을 대는 켈트족의 모든 감성과 열정이 있었다. 그녀는 스코틀랜드인

중의 스코틀랜드인이었고, 그녀의 친정 라콥의 뮤어헤드의 딸이었기에 국경 구전 설화의 보고였다.

그러면 이제 우리는 1736년의 조용한 그리넉의 마을에 존재한다. 그곳은 인간에게 알려지지 않았고 모든 유리한 조건과 토양이 있어, 이로부터 우리가 천재라고 부르는 희귀한 요소들과 신성한 불꽃이 포함된 "종의 변화" 같은 것이 나타날 것으로 예상할 수 있다. 적절한 시기에 그 "변화"는 지금 와트로 알려진, 인간이 알고 있는 가장 강력한 기계적 힘의 도구의 창시자로 모습을 드러냈다.

철저했던 어머니는 이전에 자녀를 몇 명 잃은 적이 있어 몸이 연약해 학교에 정기적으로 다닐 수 없었던 제임스를 돌보는 데 심혈을 기울였다. 제임스는 학창 시절 대부분을 그의 방에 갇혀 지냈다. 그는 어린 시절 대부분을 어머니와 함께 지내며 따뜻한 보살핌을 받았다. 얼마나 행복한 기회인가! 어떤 선생님과 친구를 그런 어머니와 비교할 수 있겠는가? 어머니는 제임스가 그때 알았던 모든 것을 읽도록 가르쳤고, 어머니가 습득했던 시와 낭만을 그에게 가르쳤다고 우리는 확신할 수 있다. 이것이 그가 사후에 유명해진 이유이기도 하다. 그는 학교에서 저능한 학생으로 평가되었으며, 교육을 매우 소홀히 받은 것으로 여겨졌다.

그렇지만 이 아이가 매우 중요한 분야에서 교육을 받지 않았다고 여겨서는 안 된다. 비록 학교 기록에는 남지 않았지만 그 아이의 마음은 무언가를 계속 빨아들이고 있었다. 그가 글래스고에 있는 할머니를 방문했을 때 보였던 생각과 내면 발달에 관한 많은 것이 밝혀졌는데, 그것은 섬세한 소년에게 도움이 되는 변화였다. 우리는 그가 외가의 요청으로 갔을 때의 일을 기쁜 마음으로 놀라며 읽는다. 그는 외가를 이야기와 낭송과 끝없는 분출로 흔들어 할아버지, 할머니, 사촌들의 혼을 완전히 빼놓았고 가정을 어수선하게 만들었다. 그들은 "제이미"가 매일 밤 멋진 공연으로 그들의 넋을 나가게 했기 때문에 잠을 이룰 수 없었다. 이 수줍어하고 골똘히 생각하는 젊은이가 언덕을 쿵쾅쿵쾅 뛰어 다니며 국경 민요를 활기차게 부르는 것을 보고서 그들은 깜짝 놀라 마침내 마음을 놓았다.

집에 돌아와서는 자연히 수줍고 과묵했지만, 할아버지, 할머니, 사촌들에게 가면 부모님의 통제가 없기 때문에 영혼이 자유로웠다. 그의 마음에는 그의 나라의 전설과 낭만과 시가 저장되었으며, 와트 가의 사람들은 수 대에 걸쳐 강한 장로파 맹약자들이었기에 순교자들의 이야기는 부족하지 않았다. 헤더 야생화는 제이미의 가슴에서 불탔다. 그렇지만 존재의 일부가 되어야 하고 죽을 때까지 자아의 핵심이 되어 언제나 상승하는 힘으로 자아를 신성하게 높이는 귀중한 영양의 보고인 스코틀랜드 정신을 얻을 곳이 어디인가? 우리는 그곳이 문법 학교라고 생각하지 않는다. 오직 하나의 학교, 천재일지라도 한 명의 최고의 선생님이 알아야 할 것을 규정하는 학교, 바로 어머니의 무릎 위에 있는 학교이다. 와트의 어머니와 같은 분이 천재를 훈련하도록 지명된 사람이며 사람을 선하고 위대하게 만든다. 불을 켜기 위해서는 불꽃이 필요하다. "왕은 신(神)을 만들지만 나쁜 신하는 왕을 만들 뿐이다."

우리는 이 다가올 사람을 선포하는 와트의 어린 시절에 관한 또 다른 이야기를 듣는다. 조숙한 어린이는 나중에 별로 발전하지 않지만, 와트는 현저하게 조숙한 아이였고, 이와 관련한 몇 가지 증거가 있다. 여섯 살짜리 아이를 보면서 한 친구가 그의 아버지에게 말했다. "이보게, 자네 아들을 공립학교에 보내고 집에서 시간을 낭비하지 않도록 하게." 그러자 아버지가 대답했다. "그를 비난하기 전에 그가 얼마나 집중하는지 보게나. 그는 지금 기하학 문제를 풀려고 애쓰고 있네." 어머니는 그에게 그림을 가르쳤고, 그는 그림에 사로잡혔다. 장난감도 몇 개 주었는데 끊임없이 가지고 놀았다. 종종 장난감을 조각으로 분리해 새로운 하나로 조립했고, 그는 이걸 매우 즐거워했다. 건강이 좋지 않아 집에 있어야 했던 오랜 시간 동안 이런 식으로 일하며 스스로 즐겁게 보냈다.

증기와 주전자 이야기가 생겨난 것이 바로 이때이다. 와트의 사촌이자 변함없는 동료였던 캠벨 부인은 1798년에 쓴 메모에서 이렇게 말한다.

> 뮤어헤드 숙모와 차를 마시던 날 밤에 숙모가 말했다. "제임스 와트. 너처럼 게으른 소년을 본 적이 없다. 책을 읽거나 유용한 일을 좀 하렴. 지난 한 시간 동안 너는 단 한마디도 하지 않고 그 주전자의 뚜껑을 벗겨서 그것을 다시 씌우고, 이제는 증기 위에 컵과 수저를 올려 놓고 주둥이에서 어떻게 올라가는지 지켜보고, 주둥이에서 떨어지는 뜨거운 물방울을 받아서 연결한다. 이런 식으로 시간을 보내는 것이 부끄럽지도 않니?"

조숙한 소년이 그 현상을 어느 정도까지 숙고했는지는 추측할 수밖에 없다. 그 이야기에는 우리가 세울 수 있는 튼튼한 기초가 있다. 우리는 이것을 "뉴턴과 사과", "부르스 대왕과 거미", "윌리엄 텔과 사과", "갈바니와 개구리", "볼타와 젖은 옷", "조지 워싱턴과 손도끼"와 더불어 우리의 가장 귀중한 전설적 소유물 속에 있는 일련의 보석으로 분류하고도 남는다. 그것들 중 하나를 무너뜨리려는 무례한 성상 파괴적 행위를 하지 말자. 그런 일이 결코 일어나지 않았더라도 그건 중요하지 않다. 그것들은 너무 좋아 잃어버릴 수 없기 때문에 일어났어야 했다. 우리는 많은 상실 없이도 역사 속의 실제 인물과 함께할 수 있다. 정신을 지배하는 허구의 주인을 내쫓았기에 우리의 마음은 진실로 가난해졌다. 그것들과 다른 것들을 그 근원이 어디인지 너무 세밀하게 따지지 말고 일어나는 대로 즐거이 받아들이자.

 와트가 여전히 소년일 때 아버지는 그에게 작문과 수학을 가르쳤을 뿐만 아니라 가게에 있는 일꾼들 속에서 그에게 작은 공구들을 선물로 주었다. 그것은 현명하면서도 신기원을 이루는 선물이었다. 왜냐하면 어린 와트는 금세 훌륭한 손재주를 드러내 보였고, 일꾼들이 했던 "제이미는 손재주를 타고났어요"는 보편적인 평가였다. 가장 복잡한 일도 와트에게는 자연스럽게 다가와 보였다. 동료 일꾼들은 와트가 만드는 모델마다 놀라움과 기쁨을 내보였다. 제이미는 가게의 자랑거리였고, 그의 꼼꼼한 아버지는 그럴 만한 자부심으로 그의 유망한 아들이 자신의 재능을 물려받았고 능숙한 장인으로 탁월해질 것이라는 밝은 희망을 품었을 것임은 분명하다.

와트 가문 3대의 기계적 손재주는 낮게 평가되어서는 안 되는데, 그 이유는 대부분의 기계적 발명이 손이 정교해 육체노동자로 일하면서 개선했던 기계나 장치들에서 나왔기 때문이다. 새로운 공정이 발명되었을 때, 그것 또한 일반적으로 기존 방법의 매끄럽지 못함을 경험한 유능한 노동자들이 제안한 것이다. 사실, 그렇게 일하지 않은 사람으로부터 나온 중요한 발명은 거의 없다. 시인에게도 그런 것처럼 이것은 발명가에게도 마찬가지다. 입에 보라색 또는 은색 수저를 물고 태어나는 사람은 거의 없다. 그리고 우리가 나중에 분명히 보게 되듯이, 와트의 물려받고 습득한 손재주가 없었더라면 증기 엔진은 절대 완벽해질 수 없었을 것이다. 왜냐하면 실험이 자주 실패했던 유일한 이유는 그 발명가의 계획을 수행할 능력이 있는 사람을 찾을 수 없기 때문이었다. 그의 문제는 우리 시대의 정밀 도구를 알지 못하고 가장 솜씨 없는 부류의 일꾼들이 유일한 노동자일 때 그들에게 요구되는 정확한 일을 하게 하는 방법을 예를 보이면서 가르치는 것이었다. 가장 정밀한 부품들, 심지어 작동하는 엔진 부품의 많은 부분이 와트의 손을 거쳤고, 그의 실험 장치의 대부분은 와트가 스스로 만든 것이었다. 어렸을 때 손으로 작업하는 것을 배운다는 것만큼 발명가에게 행운인 것은 없다. 가게에 있던 동료 일꾼들이 했던 "제이미는 손재주를 타고났어요"는 진실임이 그대로 증명되었다.

전에 언급했던 것처럼 그는 문법 학교에서 한동안 저능한 학생이었다. 누구도 그 안에 들끓던 잠재력을 알아보지 못한 듯하다. 라틴어와 그리스 고전은 그에게 감동을 주지 못했다. 어머니의 무릎에서 배웠던 더 매혹적인 고전들이 그의 마음속에 가득했기 때문이다. 그의 영웅은 그리스의 신들보다 더 고결했으며, 그의 낭만적 땅은 과거의 어느 곳보다 더 풍성한 곳이었다. 어떤 사람도 모국어 이외의 곳에서 더 완전하게 끌어내지 못한다. 우리는 두 개의 언어로 사고할 수 없는 것처럼 두 개의 언어에서 우리의 정신적 실체를 끌어낼 수는 없다. 인간은 오직 하나의 모국어만 가질 수 있기 때문에 그곳에서 나오는 치유의 물은 오직 하나의 깊은 근원만 있을 뿐이다. 와트도 마찬가지였다. 그에게는 스코틀랜드가 있었고, 그걸로 충분했다. 그 소년은 월리스, 브루스, 존 그레이엄 경을 빨아들였고, 아니 그들에게 빠져

들었고, 그의 마음속에는 조국의 민요가 페이지를 이었으며, 순교자들의 이야기로 불타올랐고, 보다 최근에는 번스와 스콧의 산문과 시에 익숙해져 보다 열등한 영웅들이 들어갈 공간이 없었을 뿐만 아니라 그럴 생각도 필요도 없었다. 그렇게 죽은 언어들과 반(半)초자연적 존재, 싸우기 좋아하고 자아를 찾는 영웅들은 와트의 영혼에 들어가지 못하고 검토를 거쳐 지나가게 되었다. 그러나 그를 불태웠던 공간의 빈 곳으로 마침내 수학이 들어왔다. "자기의 일을 발견한 사람은 행복하다"라고 토머스 칼라일은 말한다. 와트는 그의 길을 학생일 때 발견했다. 그 이후로 그가 일해야 할 곳에 대해 단 한 치의 의심도 없었다. 직업의 선택은 대부분의 젊은이에게 매우 중요한 문제이다. 젊은 와트에게는 선택에 어떤 의심도 없었다. 천재의 경우가 그렇듯이 그 직업이 그를 골랐다. "재능 있는 사람은 할 수 있는 것을 하지만, 천재는 해야만 하는 것을 한다." 여신이 그녀의 손을 그녀의 신전에 바쳐진 인생에 얹을 때 집중은 피할 수 없는 결과가 된다. 여신이 하는 일에 기여하지 않는 어떤 것도 끼어들 여지가 없으며, 오히려 모든 것이 여신이 하는 일에 기여하도록 만들어지며, 바쳐진 사람이 보거나 읽거나 듣거나 느끼는 것이 아무것도 없을지라도 어떤 식으로든 그 위대하고 탁월한 과업을 지속하도록 만들어진다. "신들은 그물이 시작되면 실을 보낸다." 왜냐하면 그 그물은 그 안으로 오는 모든 것을 빨아들이기 때문이다. 와트는 그것을 증명해 보였다.

열다섯 살 때 그는 《물리의 요소들》(그레이브젠드)를 두 번이나 정독했다. 그리고 화학 실험을 많이 했으며, 정확해 만족할 때까지 반복했다. 동료들을 깜짝 놀라게 했던 그의 생산품 중의 하나는 작은 전기 기계였다. 글래스고에 있는 외삼촌 뮤어헤드를 빈번하게 방문해 그곳에서 그의 재능과 친절한 성격의 진가를 인정해 주었던 교육받은 몇몇 젊은이들과 친분을 쌓았다. "아름답고 아름다운 로몬드 호의 둑"에 있는 친절한 외삼촌을 방문해 여름을 보낸 것은 그의 젊은 시절 최고로 행복한 날이었다. 관찰과 연구의 지칠 줄 모르는 습관으로 고적한 언덕에 빠져 지식을 넓혔고 식물과 광물에 대한 지식도 추가했다. 자유롭게 그곳 사람들의 오두막에 들어가 그들의 전통, 미신, 민요, 그리고 켈트 구전 설화를 배우며 시간을 보냈다. 그는 가장 거친 분위기의 자연을 사랑했고, 친구들에게 모든 것을 쏟아부을 준비가 되어 있는 시와 낭만이 가득한 안개의 진정한 아이였다. 잡식성 독자였던 그는, 훗날 "책을 읽거나 친구와 대화를 하면 반드시 정보를 얻거나 가르침을 받거나 기쁨을 누렸다"라는 그의 주장을 사실로 증명해 보였다. 스콧은 그가 모르는 무언가를 알려 줄 수 없는 사람과는 대화하지 않았다고 기록한다. 와트는 "만나는 사람마다 마치 형제에게 하는 것처럼 한다"는 점에서 월터 경을 닮은 듯하다. 그는 정말로 그랬다. 그것은 그의 고귀하고 건전한 성품이었다. 각자의 영역에서 최고였던 이 유명한 두 사람은 사교적 특성이 많은 부분 공통되고, 다른 사람을 끌어들이는 훌륭한 능력이 있었던 듯하다.

와트의 유일한 "스포츠"는 낚시였다. 아이작 월턴에 따르면 "낚시는 평화를 사랑하는 조용한 남자들에게 가장 잘 어울리는 운동이며, 낚시의 형제들은 대부분 온화하고 자상한 성격의 사람들"이라고 한다. 튼튼하지 못했기 때문에 학교의 거친 체육 경기에서 배제되었고, 이것은 그에게 끊임없이 소름 끼치는 고통이 되어 자연스레 다른 소년들과 멀어지게 되었다. 그가 좋아했던 기하학은 이제 그의 생각과 시간을 사로잡았고, 천문학 또한 그를 매혹시키는 공부가 되었다. 그는 종종 집 근처에 있는 수풀에 누워 밤에는 별을 낮에는 구름을 오랫동안 연구했다.

와트는 1753년 어머니의 갑작스러운 죽음이라는 그로서는 회복할 수 없는 최초의 손실을 만난다. 어머니와의 관계는 모자간의 관계만이 가능한 그런 것이었다. 어머니는 종종 가까운 사람들에게 순종적인 아들을 돌보고 사랑하는 것으로 딸을 잃어버린 아픔을 견딜 수 있었다고 말했다. 제이미에게 집은 더 이상 집이 아니었고, 우리는 제이미의 인생을 비추고 이끌었던 빛이 그를 떠나자마자 그가 집을 떠나는 것을 보고 놀라지 않는다.

와트는 이제 17살이 되었다. 아버지의 일은 정말 당혹스러웠다. 두 명의 형제, 즉 존과 제임스는 스스로 생계를 유지해야만 했다. 형 존은 이 일이 있기 얼마 전에 배를 타러 바다로 나갔지만 배가 파선되는 바람에 집에는 오직 제임스 혼자만 남게 되었다. 제임스가 선택할 길은 의문의 여지가 없었다. 그의 운명은 그의 "손재주"에 달렸고, 따라서 그는 즉시 수학 도구를 만들어 파는 일을 하기로 결심한다. 그 진로는 그를 수학과 기계 과학으로 곧바로 인도했다. 이를 통해 그는 지식에 대한 채울 수 없는 갈증을 해결할 수 있었다.

자연히 글래스고가 그의 경력을 시작할 장소로 결정되었고, 그는 거기서 그와 그의 도구들을 거두어 주었던 외가 뮤어헤드 사람들과 같이 살게 된다.

글래스고에는 수학 도구를 만드는 사람이 없어서 와트는 일종의 만물상 일에 뛰어든다. 그는 "안경사"라는 이름을 달고 안경을 팔고 수리했고, 바이올린을 수리하며, 스피넷의 음을 조율하고, 낚싯대와 도르래 등을 만들었다. 와트는 낚시에 심취한 형제로서 송어와 연어 찌를 만드는 데 능숙했고, 수많은 분야에서 그를 찾는 사람들에게 매우 유용한 사람으로 자신을 증명해 보였다. 그 야망이 있는 젊은이에게 배우지 못할 것이라고는 아무것도 없었다.

와트의 가장 친한 학교 친구는 앤드류 앤더슨이었고, 앤드류의 형 존 앤더슨은 노동자를 위해 물리학 공개강좌를 최초로 열었던 유명한 물리학 교수였다. 그는 이 목적을 위해 개인 재산을 들여 지금은 단과대학으로 있는 학교를 세웠다. 존은 동생을 통해 젊은 와트를 알았고, 와트는 그의 집을 자주 방문하게 된다. 와트는 그 교수의 귀중한 서재에 무제한으로 들어갈 수 있었으며, 그곳에서 수많은 밤을 보낸다.

그 공공학교의 최대 장점 중의 하나는 그곳을 나온 소년들의 변치 않는 우정이다. 그것은 첫째로 개인의 인격에 유익한 영향을 끼치기 때문에 중요하고, 둘째로 나중에 성공하는 데 도움을 주기 때문에 중요하다. 나는 이런 특성이 인상 깊었는데, 그 이유는 자긍심 있는 젊은 노동자나 적임자가 허다하기 때문에 추가적인 도움이 필요할 때는 존경받는 동창생에게 사업의 시작이나 승진에 필요한 추천을 얻을 수 있기 때문이다. 자식을 집이 위치한 지역에서 교육하지 않거나, 커서 자국에 있는 대학에 보내지 않는 부모는 큰 실수를 하는 듯하다. 어릴 적의 우정은 깨지지 않으며 세월이 흐를수록 커지기 때문이다. 와트는 이런 면에서 언제나 운이 좋았다. 그의 학교 친구 앤드류 앤더슨은 그에게 지식과 친절한 마음과 영향을 주었을 뿐만 아니라 그 유명한 교수를 알게 해주었다. 그리고 와트에게 가장 필요했던 도서관을 열어 주었다.

2장
글래스고에서 런던으로, 다시 글래스고로

와트는 외가 친척인 뮤어헤드 교수를 통해 대학의 다른 교수들을 많이 소개받았고, 언제나 그렇듯이 그들의 주목을 받았는데, 특별히 물리학 교수였던 딕 박사를 통해 런던으로 가기를 강력하게 권유받았다. 그곳에 가면 당시 스코틀랜드에서 배울 수 있는 것보다 더 좋은 교육을 받을 것이라는 생각에서였다. 잠자고 있는 천재성을 알아보았던 그 친절한 교수는 그에게 개인적인 소개까지 해주었는데 그건 매우 효과적이었다. 자격이 있고 청운의 뜻을 품은 그 젊은 이가 주목을 받지 않거나 도움을 받지 않은 적이 거의 없었으니 얼마나 그것이 사실인가. 친절하고 똑똑하며 영향력 있는 사람들이 언제든 와트를 도울 준비가 되어 있었으며, 도움과 말할 기회가 필요할 때 결과로써 실제로 도움을 주었다. 그렇게 런던이 정해졌다. 운 좋게도 와트 가의 한 먼 친척이 선장이었는데 그때 멀고 힘든 여행을 떠나려고 했다. 두 사람은 1755년 6월 7일 글래스고에서 말을 타고 12일이나 걸리는 여행을 떠났다.

나의 부모님은 덤펌린에 사는 잘나가는 리넨 제조업자가 런던으로 여행을 떠나려고 했던 일을 종종 들려주었다. 그는 도시에서 런던을 가보았던 유일한 사람이었는데, 그가 런던으로 떠날 때면 언제나 교회에서 그의 무사귀환을 비는 특별 기도가 있었다고 한다.

와트의 시절에 스코틀랜드 북쪽 끝에 있는 국회의원은 런던에 있는 국회의사당까지 가려면 거의 12일이 걸렸다. 만약 오늘날 영어를 쓰는 종족의 수도가 미국에 있다면, 로즈버리 경은 기꺼이 그래야 한다고 하는데, 만약 그렇게 함으로써 영어를 쓰는 연합이 안전해진다면, 영국에서 오는 국회의원은 워싱턴까지 7일이 걸리고 태평양과 접한 브리티시 컬럼비아와 캘리포니아에서 오는 국회의원은 5일이 걸릴 것이므로 육로와 해로가 훨씬 빨라질 필요가 있다.

대서양 양쪽에 있는 우리 종족의 재결합을 예언하는 낙관적인 예언자들은 스코틀랜드와 영국의 연합을 고려할 때 적어도 수도를 횡단하는 데 필요한 시간 요소는 장애물이 아니라고 단언할 수 있을 것이다. 왜냐하면 새로운 제국의 동쪽 끝에 있는 영국과 서쪽 끝에 있는 브리티시 컬럼비아와 캘리포니아는 당시의 스코틀랜드와 런던 사이를 여행하는 데 걸리는 시간의 3분의 1 미만으로도 도달할 것이기 때문이다. 게다가 전신은 제국의 부분들을 하나로 묶어 모든 사람에게 정보를 제공하고 수천 마일 떨어져 있는 모든 사람에게 동시에 감동을 준다. 1755년에 글래스고에서 런던까지 가는 데는 12일이 걸렸지만 1905년에는 8시간이면 충분하다. 이렇게 와트에 의해 길들여지고 마구가 연결된 천재적인 증기 엔진에 의해 세계는 이웃 사이로 줄어들었고 몽상가들에게 새로운 현실이 오고 있다고 선포하도록 은근히 장려하기도 했다. 따라서 우리는 다가오는 "세계 연방의 의회 의원"이라는 희망을, 심지어 로버트 번스라는 시인이 했던 "아무리 그래도 세상의 모든 사람이 서로 형제가 될 날이 올 것일세"라는 더 오래되고 넓은 예언을 계속 품을 수 있게 될 것이다.

우리가 플라톤에게 빚진 보석, 분명 우리의 모든 보물 중에서 가장 귀한 것 중의 하나로 평가되는 보석이 생각난다. "우리는 자신을 마법으로 홀리듯이 유혹해야 합니다. 희망은 위대하고 그 보상은 고귀하기 때문입니다." 이 매혹적인 꿈도 마찬가지다. 설령 그것이 그저 꿈일지라도 대부분의 현실보다 낫다. 따라서 몽상가들이 계속 꿈을 꾸도록 두자. 매혹적인 꿈을 빼버린다면 세상은 정말로 평범한 곳이 될 것이다. 이 꿈은 와트의 증기 엔진이 현실이기 때문에 꿀 수 있다는 것만 기억하도록 하자.

와트는 12일 동안 말을 타고 런던에 도착했다. 알려지지 않고 자신도 모르는 곳에서 그는 이방인이었다. 그렇지만 운명은 부나 계급에 의무를 지지 않기 때문에 능숙한 기계공이 되려는 그 가난한 소년에게 바닥부터 시작하는 공정한 기회를 주어야 했다. 모든 학교 중에서 가장 엄격하고 훌륭한 그곳은 속에 있는 자질을 불러일으키고 강하게 만들어 가난한 청년이 인생의 바다를 항해할 때 최선의 노력을 다하게 한다. 인생의 바다는 헤엄치지 않으면 가라앉는 곳으로, 그를 위해 준비된 공기주머니 따위는 없다.

우리의 젊은 주인공은 그 기회를 맞아 카이사르처럼 "투지를 가지고 물결을 거슬러 갈 수 있다"는 것을 곧 증명해 보인다. 이렇듯 경험의 거친 학교는 젊은이의 잠재력을 불러

일으키고 강화해 다른 사람에게 옮겨 심어 견디고 극복할 수 있는 불굴의 남자로 만든다. 친척도 친구도 없는, 그 친절한 선장을 빼고는 아는 사람조차 없는 우글거리는 런던에서, 그는 그를 둘러싼 차가운 세상에서 실행하거나 그렇지 않으면 죽어야 하는 도전에 직면한다. 모든 사람에게 그랬던 것처럼 운명도 와트에게 자신의 길을 헤쳐나갈 것을 요구했다.

　이곳은 콜링토글 개울이다.
　너는 네 칼로 너를 지켜야만 한다.

　계시가 처음으로 그에게 내려왔을 때 이제껏 부모님의 지시를 받았던 그는 더는 소년이 아니기에 매우 달리 행동해야만 했다. 그것도 빨리! 그는 남자이고 마침내 자신의 천분을 깨닫는다. 그 남자를 증명하는 최고의 시험은, 보답하기를 요구하는 사회에 서비스를 제공할 수 있도록 자신을 훈련하는 데 필요한 버팀목을 스스로 마련하도록 태어난 사람에게만 찾아오는 키질하는 모든 힘으로 찾아온다. 이 훈련은 하지 않으면 아마도 잠든 채로 있을 힘의 계발을 강요한다. 와트와 같은 스코틀랜드 소년들이 철저히 그런 경우이다. 넓고 부드러운 스코틀랜드 억양을 하고, 외국 문학을 알지 못했기에 어머니의 무릎에서 주입받았던 교훈들에서 버팀목을 찾았던 것이 분명하다. 그는 월리스와 브루스를 먹고 자랐다. 그리고 상황이 가장 암울해 보일 때, 심지어 아주 어린 시절에도, 사익을 위해서가 아니라 조국의 독립을 위해 무서운 역경에 맞서 싸운 국민 영웅이었던 월리스가 생각났다. 월리스가 싸움을 포기하거나 심지어 포기하려는 생각이라도 했던가? 전혀 아니다! 그는 결코 그렇지 않았다. "월리스와 함께 피 흘리는 스코틀랜드인이여!", "싸움 아니면 죽음을!"이라는 정신이 그가 십 대가 되기 전에 그의 마음속에 심어졌다. 그것은 수많은 스코틀랜드 소년들을 모든 것이 암울한 인생의 위기 속에서 벗어나게 했고, 마찬가지로 앞으로 올 많은 다른 소년들도 벗어나게 할 것이다. 비록 번스와 스콧이 스코틀랜드의 특성을 분명히 해 스코틀랜드인의 마음속에 부적(符籍)의 말을 심는 것으로는 아직 나타나지 않았지만, 와트는 성인이 될 때 국민감정을 풍부하게 품고 있어 "가파른 언덕에 서 있으려면 마음을 단단히 먹어라"고 자신에게 주입했다. 어머니는 자신의 켈트족 정원에서 가져온 귀한 씨를 와트의 마음속 깊이 뿌렸고, 그것이 자라 훌륭한 열매를 맺을 것이라고 확신했다.

우리는 종종 다음과 같은 질문을 받는다. "젊은이가 자신의 순수한 집을 떠나 자신의 길을 에워싸는 온갖 유혹에 맞서 자신을 지킬 최고의 보호막은 무엇인가요?" 많은 대답을 할 수 있겠으나, 와트처럼 자랐던 스코틀랜드인의 관점에서 말하자면, 제시된 모든 보호책을 결합한다고 해도 다음의 생각보다 자신을 욕되게 하는 것을 막는 보호책은 없다고 믿는다. 그것은 유혹에 넘어지면 자신을 욕되게 할 뿐만 아니라 자신의 가족, 즉 외딴 마을, 먼 황무지, 고적한 계곡에 있는 아버지와 어머니, 누나, 동생이 고개를 들지 못할 것이라는 생각이다. 스코틀랜드인은 중국인과 일본인이 가지고 있는 "가족"에 대한 종교적 헌신의 흔적을 역시 가지고 있으며 자식의 부모에 대한 의무의 본능이 매우 강하다. 가족 구성원 한 사람의 추락은 가족 모두의 추락이다. 어머니가 돌아가셨을지라도 존경하는 아버지는 그리녁에 살고 계셨고 아버지에게 정기적으로 편지도 부쳤다. 다행히 편지 중 일부가 남아 있는데, 편지는 비록 몸은 떠났을지라도 가족의 유대는 여전히 그곳에 있으며, 그 젊은이가 "모든 죄의식 또는 수치"로부터 자신을 멀리해 가족을 지키려는 의무가 매우 강했음을 보여 준다. 와트는 아버지에게 선조들의 훌륭한 이름에 먹칠을 할 것이라는 어떤 근심거리도 주지 않았다.

런던에 있는 가게들을 많이 방문했지만 거래의 규칙은 도제(徒弟)로 7년을 배우거나 그 기간 동안 직공으로 일을 해야 한다는 것이었다. 와트로서는 이것은 받아들일 수 없는 조건이었다. 그의 계획은 1년간 일하고 글래스고로 돌아가 거기서 자기 사업을 한다는 것이었다. 그는 1년이면 배울 수 있는 것을 7년씩이나 쓸 이유가 없었다. 그는 자신의 주인이 될 것이었다. 이런 면에서 그는 똑똑한 젊은 청년이었다. 자신의 꿈에서 스스로 선장이 되어 범선을 조정하는 것을 보지 못한 젊은이가 큰 성과를 낼 수는 없다. 그는 날씨 걱정을 하며 떠나지 않는다. 우리는 자신에 대한 계획에 고집이 있는 이 스코틀랜드 청년에게서 이런 성격을 발견한다. 마침내 그가 만들었던 몇몇 샘플이 수학 도구를 만드는 콘힐 핀치 레인의 존 모건 씨에게 강한 인상을 주었던 듯하다. 그는 그 야심 찬 젊은이에게 원하는 내용을 원하는 기간에 20파운드를 받고 가르치기로 허락했다. 이로써 이 용기 있는 젊은이는 자신의 항해를 계속해 마침내 항구에 들어가게 된다. 그는 자신이 거둔 성공을 아버지에게 편지하면서 그 주인을 "성품이 훌륭하고 사업에서 정확하며 사람의 사기를 북돋는데, 런던에서 하는 모든 일에서도 마찬가지다"라고 했다. 대망을 품은 이 청년이 기록했던 미덕의 순서는 간과되지 않을 것이다. 그런 뒤 그는 편지에 추가했다. "쇼트 씨가 아니었더라면 런던에서 저를 가르치려는 사람을 만날 수 없었을 거에요. 제가 발견하기로, 제가 원하는 내용을 가르쳐 줄 수 있는 사람은 대여섯 명 정도예요."

쇼트 씨는 딕 교수의 소개 편지를 받은 신사였다. 그는 그 교수나 모건 씨처럼 이 특별한 젊은이를 이기지 못했다. 그는 일하려는 와트를 거절할 수 없었다. 그는 와트를 기꺼이 받아들였고, 훗날 자신의 명성을 늘려 줄 가능성이 있는 사람을 가르치는 특권을 누리기를 기뻐했다. 이렇게 와트는 런던에서 시작했고, 20파운드의 돈이 때맞게 집에서 도착했다.

이때까지 와트는 아버지에게 도움을 받았지만 그 금액은 아주 적었다. 왜냐하면 그는 일주일에 고작 2달러만을 가지고 매우 검소하게 생활했기 때문이다. 아버지에게 보낸 한 편지에서 그는 그보다 생활비를 더 적게 쓸 수 없어 죄송하다고 말한다. 그는 아버지의 사업이 어렵다는 것을 알았다. 그러나 그는 일과가 끝난 뒤 하는 개인 일을 통해 꽤 좋은 수입을 올릴 수 있었다. 그는 곧 직공의 지위를 확보한다. 그는 전문화 작업을 접하면서 깜짝 놀란다. "자는 만들 줄 알지만 분도기와 각도기는 만들 줄 아는 사람이 이렇게 적을 줄이야!" 우리는 여기서 그 이른 시절에도 나라 전체에는 알려지지 않았어도 런던에는 노동 분화가 일어났음을 본다. 이 무엇이든 할 줄 아는 만능 재주꾼은 한 가지 것에 집중해 그것을 완벽하게 해내는 전문가에게 자리를 양보한다. 와트의 임무는 전문화로부터 그를 구했다. 왜냐하면 성공하려면 그는 하나의 공정이 아닌 모든 공정에서 장인이 되어야 했기 때문이다. 그러므로 그는 놋쇠자, 평행자, 사분의를 처음으로 만들었다. 이 일을 하던 달의 마지막 날에는 해들리 사분의도 만들 수 있었다. 그는 계속해서 방위나침반, 놋쇠측각기, 경위의, 그리고 다른 정밀한 도구들을 만들기 시작했다. 그해가 끝나기 전에 그는 아버지에게 "프랑스식 연결 장치가 있는 놋쇠자를 만들었는데 틀을 잡는 데 매우 유용한 도구로 팔린다"라고 기록했다. 그러면서 이제 곧 스스로 수업료와 생활비를 마련해 아버지께 더는 도움을 받지 않아도 될 것이라는 희망을 나타냈다.

와트가 만든 이 첫 번째 도구가 그에게 훗날 거두었던 큰 성공보다 더 큰 기쁨을 주었을 가능성이 매우 크다. 어렸을 때 일해서 번 첫 주의 봉급은 이제 곧 어른이 된다는 것을 선언하면서 황홀과 자랑스러운 만족을 강렬하게 준다. 그것이 비록 훗날의 수백만에 달하는 돈에 비하면 하찮은 것으로 비칠지라도 말이다.

노동을 전혀 경험하지 못한 작가들은 일반적으로 노동을 하나의 고체 덩어리로 생각하는 경향이 있다. 그러나 진실은, 노동은 귀족제처럼 명령과 분명한 위계질서를 담고 있다. 관리자는 더 숙련된 기술이 있는 노동자에게 더 어려운 일을 맡도록 호출하고, 그는 동료들보다 더 높은 위치에 서게 되고, 아마도 명예로운 지위를 누리며, 동료들에게 애칭을 부여받을 것이다. 그들은 직업에서 정확히 실력으로 서로를 평가하며, 각자는 그에 적합한 지위를 얻는다. 적합한 사람이 승진할 때 그들은 한데 모여 그가 놀라운 일을 해 보이도록 북돋는다. 편애와 잘못된 평가가 내려졌을 때는 그 반대를 보인다. 거기에는 반감과 불만이 있으며 실적 저하와 심각한 문제로 이어진다. 육체노동자도 다른 직업의 사람들처럼 자기 일에 자부심이 있다. 그는 상원과 하원 의원이 의회에 삶과 생각을 집중하듯이 자신이 일하는 가게에 집중한다. 그의 세계인 가게에서의 승리는 국회의원이 거두는 승리와 정확히 일치하며, 국회의원이나 다른 직업에 있는 사람에게 뜻하는 리더십은 그의 가족이나 친구에 대한 리더십과 비교할 때 중요성이 전혀 떨어지지 않는다. 그는 자신의 직업에 자부심이 있으며, 허영심은 대부분의 다른 직업보다 덜하다.

그가 얼마나 "직업에 대한 자부심"이 있는지는 피츠버그 거리를 청소하는 일꾼들이 점심을 먹으면서 했던 이야기에서 잘 드러난다. 최근에 죽은 매카시가 그 찬사의 주인공이었다. 어떤 이는 그가 "리버티 스트리트를 괭이로 청소하는 사람으로는 최고"였다고 주장했다. 그렇지만 포부가 있는 어떤 이는 "매카시는 평범한 일을 하기에는 충분히 훌륭한 사람이지만 가스등 주위를 치우는 데는 1센트의 가치도 없다"라고 말했다.

어떤 유명인이 밤사이에 친구의 집에 잠깐 들렀는데, 그 집에서 온갖 일을 하는 가정부가 그 손님이 떠난 뒤 여주인에게 말했다. "저는 그분을 신문에서 자주 보았어요. 제가 그분을 뵐 줄은 전혀 예상하지 못했어요. 제가 그분의 신발을 오늘 아침에 닦는 영광을 누린다는 것은 생각도 하지 못했지요." 자기 일에 행복을 느끼는 그 소녀는 자기의 모든 일이 영광스러운 것이라는 것을 알았다. 우리가 보듯이 심지어 구두를 닦는 일도 그녀에게는 보상이었다.

하일랜드에 사는 어떤 지주 부부는 황야지에 있는 작은 농장주를 방문해 기뻐하는 농장주 부인의 영접을 받았다.

자식과 남편도 때마침 나왔다. 그 자랑스러워하는 부인은 적절히 손님들에게 알리는 것을 참을 수 없었다. "성에 있는 골프 하우스의 이엉을 이어라고 보낸 사람이 다름 아닌 제 남편 도널드에요. 남편이 그걸 다 했지요." 그러면서 당황해하는 위대한 남편을 향해 칭송의 시선을 돌렸다. "성의 주인이 보낸" 도널드는 그가 속한 세계에서 지위를 차지하며, 그가 마음속으로 느꼈던 영광은 여왕이 제국을 다스리라고 보냈던 밸푸어 씨가 느꼈던 영광과 같다. 하일랜드에 사는 10명의 소농장주 중에서 그가 더할 나위 없는 만족을 그 지시에서 얻었던 것처럼, 저지대에 사는 그 정치인은 그의 세계에서 그런 만족을 느꼈을 것이다. 밸푸어 씨는 그걸로 유명해졌다고 말한다. 도널드 씨도 유명해졌다. 비록 그의 세계는 밸푸어 씨처럼 넓지는 않지만 말이다. 그게 전부다. 도널드 씨는 총리처럼 "높아졌다." 아마 더 높아졌을지 모른다. 인생에서 특징은 많지만 차이는 많지 않다. 우리는 모두 다른 장난감을 가지고 노는 친척이자 한 가족의 구성원이다.

그래서 노동 계급으로 깊숙이 들어가면 직업에 대한 보람이 부패를 방지하고 모든 것을 신선하게 유지한다. 그 주된 이유는 노동자 중 가장 겸손한 사람이 인정과 발전, 진보와 성공이라는 희망의 밝은 광선을 비추기 때문이다. 이 풍경을 모든 사람 앞에 펼쳐 보이는 것이 노동자에게 좋다. 물론 노동과 자본 사이에 갈등은 있을 것이지만, 그것은 건강한 갈등이 될 것이며 모두에게 필요하고 모두에게 유익할 것이다. 모든 사업에는 시장에서의 실랑이가 있다. 자기 일에 대한 이 귀중한 정직의 가치가 존재하고 인정을 받는 한, 사회는 노동 계급을 두려워할 이유가 없다. 노동을 가장 많이 경험했고 노동의 자질과 실패를 가장 잘 아는 사람은 노동을 두려워하지 않는다. 오히려 그들은 노동이 건전한 것이며 사려 깊은 대우를 할 필요가 있다는 것을 안다. 고용주의 친절한 관심은 심지어 임금 상승보다 더 높이 평가될 것이다.

억지로 자신을 가두고 끊임없이 일하는 것이 와트의 섬세한 몸에 이내 경고를 보냈지만, 그는 자진해서 추가 작업을 견디었다. 그럼으로써 그는 조금이라도 떳떳하게 돈을 벌 수 있었고 집으로부터 오는 송금액을 줄일 수 있었다. 그러나 그는 겨울에 심한 감기에 걸리고 만다. 기침은 몸을 고문하는 것과 같았고 관절염까지 찾아왔다. 아버지는 이를 보다못해 집으로 돌아오라고 했고, 그는 집에 가서 요양을 하기로 한다. 그는 언제나 그랬듯이 장래를 대비해 "그가 반드시 만들어야 할 것으로 알았던" 도구들을 만드는 데 필요한 귀중한 도구와 재료를 확보한다. 몇 권의 귀한 책은 잊을 수 없다. 그중에는 《수학 도구의 제조와 사용》이라는 비온의 책도 있었는데, 그의 재주와는 관련이 없지만 그가 알고자 하는 것이었다. 그는 그 분야에서 왕이 되려 하므로 그 주위를 둘러싸는 모든 것이 만들어져야 했다. 그것은 그가 세워야만 하는 것의 기초가 되었다.

스코틀랜드에 있는 옛집에 우리의 주인공의 얼굴이 나타난 것은 1756년 가을이었고, 그때 그의 나이는 스무 살이었다. 상쾌한 공기는 타지에서 쫓겨온 병약한 그에게 최고의 약이 되어 곧 건강을 회복하게 된다. 그런 뒤 그는 글래스고에 가서 자기 사업을 한다는 이전에 세웠던 계획을 계속 추구한다. 그는 이렇게 남자가 되기 전에 주인이 되었다. 당시 스코틀랜드에는 수학 도구를 만드는 사람이 없었기 때문에 글래스고에서 사업을 시작할 수 있도록 허가를 요청하기에 아주 좋은 위치였다. 그렇지만 런던에서와 마찬가지로 글래스고에서도 그런 높은 소명이 모습을 드러내 속하게 될 대장장이 조합이 7년의 수습 훈련을 거치지 않았다는 규칙을 내세워 가입을 거절했다. 그는 훈련을 1년 만에 마쳤고 어떤 테스트가 주어져도 그것을 탁월하게 보일 준비가 되어 있었다. 와트는 그 기술에 필요한 지식과 경험의 문에 적합하게 들어갔고, 그 문이 들어갈 수 있는 유일한 통로였지만 너무 빨리 지나갔던 것이다. 게다가 그는 "지역 국회의원의 아들도 아니었고, 그 도시에서 도제 훈련을 받지도 않았다." 이것이 결정적이었다. 그 이후로 세상이 얼마나 많이 앞으로 나아갔던가! 그러나 그로부터 150년이 지난 지금도 상황은 크게 다르지 않은 것 같다. 국가 간 보호관세, 아마도 전쟁은 대장장이 조합의 규칙 만큼이나 이상하게 비친다. 1905년의 지금에도 우리는 가야 할 길이 여전히 멀다.

자기 사업을 시작하려는 노력이 실패하자 그는 조합에 실험에 필요한 작은 작업장을 임차하게 해달라고 요청했으나 그것마저 거절당했다. 우리는 왜 그래야 했는지 궁금하지만, 그것은 당시의 정신에 엄격하게 부합했다.

하늘이 가장 깜깜해졌을 때 구름이 부서지고 대학이 수호천사로 모습을 드러냈다. 와트가 글래스고에서 처음 시작했을 때부터 알았던 물리학을 가르치던 딕 교수는 몇몇 수학 도구를 고쳐 달라고 그에게 이미 의뢰했다. 그 도구는 서인도 제도에 살던 한 스코틀랜드 신사가 대학에 기증한 것이었다. 와트는 그 일을 5파운드의 가격으로 해냈다. 그것이 와트가 글래스고에서 따냈던 첫 번째 계약이었다. 훌륭한 솜씨는 언제나 말을 한다. 능력은 영원히 억눌릴 수 없다. 바닥에 내팽개쳐질지라도 다시 일어난다. 와트의 "훌륭한 솜씨"도 그랬다. 교수들이 그에게 도움을 주었고, 그가 만난 몇몇 교수는 그 과정에서 가장 호의적이었다. 교황이 1451년에 선물로 주었던 대학 헌장은 대학 건물 지역 내에서 절대적 권위를 가질 수 있게 했고, 교수들은 우리의 주인공에게 그곳에 피난처를 제공하기로 결심한다. 그것은 그들이 했던 최고의 업적이었다. 깊은 감사의 느낌으로 그들을 기억하도록 하자. 이 얼마나 훌륭한 사람들인가! 덕망 있는 앤더슨 교수는 이미 언급했다. 와트가 증기에 했던 것을 경제학이라는 과학에 했던 애덤 스미스는 와트의 친한 친구 중 한 명이었다. 잠열을 발견했던 블랙 교수도 그랬다. 로빈슨, 딕 교수는 이미 언급했고, 다른 교수도 있다. 그들은 세상의 은인들로서 와트가 그들의 보호 하에 지정된 일을 할 수 있도록 해주었다. 영광스러운 글래스고 대학교는 와트의 보호자이자 후원자로서, 아마도 그 결정은 인간에 대한 가장 큰 봉사였을 것이다!

대학교는 많았다. 글래스고 대학교가 특별히 추구했던 것은 다양한 학문 분야의 완벽한 평등으로, 인문학은 무시되지 않으며 과학은 높이 평가되는, 전례가 없는 것이었다. 지금은 켈빈 경이 된 과학 교수 톰슨이 가장 높은 자리인 총장으로 방금 추대되었다.

모든 주요 대학은 자신만의 특성을 계발하는 것으로 주목을 받는다. 글래스고 대학교는 과학 분야의 헌신으로 유명하다. 그 분야의 업적이 얼마나 큰가! 와트의 보호자로서 필요한 조치를 극도로 늘려 그에게 피난처를 제공할 뿐 아니라 대학의 담 안에서 일하고 자신을 부양할 수 있도록 해주었다. 글래스고 대학교는 공과 대학과 공학 교수직을 처음으로 설립한 곳이었다. 물리 실험실을 설치하고 학생들에게 실험을 통해 가르친 최초의 곳이었다. 와트의 증기 엔진이 태어나고, 블랙 교수의 잠열이 발견되며, 현 총장이자 교수(켈빈 경)의 케이블 전신이 성공적으로 운용되도록 만든 곳이었다. 글래스고 대학교가 미래에도 그 영광스러운 과거를 계속 잇기를! 글래스고 대학교의 "학풍"은 꾸준하고 성과 있는 일을 장려하고 자극한다. 모든 스코틀랜드 대학에는 모든 미국 대학처럼 뛰어난 학생들이 수없이 많다. 그 사실을 언제나 발견한다는 것이 즐거울 것이다. 비유적으로 말하자면, 그들은 밥을 적게 먹으면서도 지식을 기르며 학기 사이에는 빚지지 않고 해내기 위해 스스로 돈을 번다.

다른 어떤 계급에 있는 사람들보다 이런 부류의 사람들이 훗날 사람들의 귀에 더 많이 들릴 가능성이 매우 크다.

다행히도 미국 대학들은 글래스고 모델을 따라 지금까지 매우 무관심했던 과학의 필요와 실용학문의 교육에 더 많은 관심을 기울여 "누구든 배울 만한 가치가 있는 모든 것을 배울 수 있는 곳"인 진정한 대학으로 만들었다.

와트에게는 오직 37제곱미터밖에 안 되는 방 하나가 주어졌는데, 그것은 자신뿐만 아니라 다른 사람도 큰일을 하는 데 사용되었다. 유명 저자인 스마일스 박사가 그 방을 방문했을 때, 그는 거기서 톰슨 교수(켈빈 경)의 대양 케이블을 작동시키는 섬세한 발명 장치를 완전하게 하는 데 필요한 전기 장치를 발견했다.

친절하고 똑똑한 교수들은 그곳을 방문하는 것으로 그치지 않았다. 그들은 그 이상을 했다. 그들은 와트를 위해 작은 방 하나를 주는 것 다음으로 그가 대중과 연결될 수 있게 해주었는데, 그에게 그가 만든 도구를 팔 수 있는 가게로 쓸 수 있는 자유를 주는 것이었다. 와트는 그가 손으로 만든 것을 가지고 생계를 유지해야 했기 때문이다. 이것은 대학으로서는, 특별히 당시의 대학으로서는 생소한 일이었다. 그러나 우리는 독자들이 이것을 진심으로 인정할 것이라고 확신한다. 그 힘들게 사는 천재를 도우려고 했던 교수들의 첫 번째 행동을 분명 인정했을 것이기 때문이다. 와트의 사업은 처음에는 잘되지 않았다. 그의 도구는 천천히 팔렸다. 그는 조수의 도움으로 일주일에 세 개의 사분의를 만들어 40실링의 이익을 남겼지만, 바다로 가는 배는 글래스고에 도달할 수 없었기 때문에 거의 팔리지 않았다. 물건은 글래스고의 항구 역할을 했던 그리녁으로 보내졌고, 그의 아버지가 팔았다. 그는 위대한 예술가들이 종종 그랬듯이 "호구지책"이라고 불리는 일을 할 필요까지 낮아졌다. 그의 첫 번째 스승의 사례를 따라 그는 글래스고에서 안경, 바이올린, 플루트, 기타, 그리고 찌와 낚싯대도 만들었다. 기록은 "뒤틀린 바이올린, 부서진 기타를 잘 고쳐 좋은 평판을 얻었다"라고 말한다. 그런 것들이 그가 그 상황에서 만났던 "호구지책"이었다.

딕 교수처럼 와트의 재능을 알아보았던 와트의 친구 블랙 교수는 어느 날 그에게 오르간을 만들어 줄 수 없는지 물었다. 이때쯤 와트의 명성은 퍼지기 시작할 때였고, 이것은 마침내 그를 동료 사이에서 "대부분의 것을 알고 어떤 것이든 만들 줄 아는 사람"이라는 최고의 위치에 이끌게 했다. 와트는 오르간에 대해 아무것도 몰랐지만 즉시 그 일에 착수했고(1762년), 결과는 이견을 달 수 없는 대성공이었다. 글래스고에 있는 한 석공의 집에 커다란 "정교한 오르간"이 세워지다니, 이것은 음악가들을 놀라고 칭송하게 만들었다. 이 특별한 사람은 그가 손대는 모든 것을 개선했다. 그의 두 번째 오르간은 참신한 장치를 다수 장착했다. 지속하는 일현금, 소리를 빵 터트리는 것을 표시하고 조절하는 장치, 어떤 시스템에도 최적화할 수 있는 수단들, 멈추는 것을 향상하기 위해 고안된 장치 등이 그것이었다.

우리가 실수하지 않기 위해 잠깐 여기서 멈춰 와트가 어떻게 그런 놀라운 일들을 마치 영감이라도 받은 것처럼 쉽게 했는지 생각해 보기로 하자. 모든 역사를 들어 와트처럼 신중하고도 오랜 준비가 성공에 기여한 것을 분명하게 보여 주는 사례가 있을까 싶다. 언뜻 날랜 손재주의 승리처럼 보이는 이 성공은 우리가 조사할 때 먼저 와트가 즉시 화음의 법칙에 몰입해 과학으로 음악을 듣는 귀가 부족한 것을 보충했다는 데에 동의할 것이다. 어느 때처럼 그 연구는 철저했다. 물론 그는 최고의 권위를 발견하고 그것을 취했다. 그는 케임브리지 대학교의 스미스 교수가 쓴 심오하면서 모호한 책을 유념해 앞으로 올 오르간의 모델을 처음으로 만들었다. 당시 영국에는 음악의 과학에 대해 그보다 더 많이 알고 그 새로운 오르간 제작자보다 오르간을 만드는 기술에 탁월하도록 철저히 준비된 사람은 없었다고 말해도 괜찮다.

우리가 곧 보게 되듯이 그는 증기의 문제를 해결하려고 할 때도 같은 과정을 따랐다. 비록 이것은 세 개의 언어를 필요로 했고 그중 하나도 빠뜨려서는 안 되었지만 말이다.

우리는 와트가 고통을 끝없이 감당하고, 스스로 미리 무장하고, 알아야 할 모든 것을 알고, 경력에서 이렇게 철저히 준비하는 것이 언제나 눈에 띄는 것을 주목한다. 그가 진정한 천재였다는 것을 보이는 최고의 증거는 그가 자기 일에 착수하기 전에 먼저 그것과 관련된 모든 지식을 완전하게 습득했다는 것이다.

와트의 형편은 더할 나위 없이 행복했다. 그의 환경은 이상적이었고, 대학의 자원을 자유롭게 쓸 수 있었으며, 그의 작업장은 편리한 곳에 있어 이내 교수들이 모이는 장소가 되었다. 그는 세계에서 과학 교육을 가장 탁월하게 받은 사람들과 친밀하고 계속해서 교제하는 특권을 누렸다. 글래스고는 지금처럼 당시에도 교수들이 우호적이었다. 와트의 친한 친구 두 사람은 지금도 지속되는 명예를 누린다. 《국부론》의 저자가 그 한 명이고, 잠열의 발견자가 또 다른 한 명이다. 다른 교수들도 탁월했다. 그는 이런 이점들을 알아보기를 놓치지 않았다. 그는 "그들은 모두 나보다 뛰어난 사람들이었고, 나는 대학에 다니지 않았지만 그들 덕분에 기계 공학자가 되었다"라고 그들에게 진 신세를 여러 번 인정했다. 와트가 자신보다 뛰어나다고 했던 사람들은 그렇게 보지 않았다. 그들은 와트를 충분히 시험했다. 와트의 겸손은 그의 인생에 걸쳐 항상 눈에 띄었다.

와트는 계속 바쁘게 살았지만 꼭 필요한 "호구지책"에 시간을 쓰지 않을 때는 어려운 공부에 온전히 시간을 투여했다. 화학, 수학, 기계 공학에 그의 모든 관심을 쏟았다. 그는 마침내 누구도 그렇게 되리라고 예상할 수 없었던, 그러나 그의 친구들은 그렇게 깊은 인상을 주었던 사람에게서 뭔가 나올 것이라고 예상할 수 있었던 사람이 되고 말았다.

로빈슨(훗날 에든버러 대학교의 자연 역사학 교수)은 와트와 나이가 비슷해 그의 가장 친한 친구가 되었다. 그는 1758년에 와트를 소개받았을 때를 기술한다. 가게에 있는 아름답게 완성된 도구들을 마음껏 구경한 뒤 그는 와트와 대화를 시작했다. 그는 와트가 한낱 직공에 지나지 않을 것으로 예상했지만 한 명의 철학자인 줄을 발견하고서 깜짝 놀랐다. 로빈슨은 말한다.

나는 내 분야(수학 및 기계 철학)에서 꽤 유능하다고 여기는 허영심이 있었는데, 와트 씨가 나보다 뛰어난 것을 알고서 굴욕감을 느꼈다. 그렇지만 그는 취향이 같은 사람과 나누는 대화를 기뻐하는 높은 취향이 있었다. 또는 내 호기심에 깊은 관심을 기울이는 타고난 친화성, 심지어 그와 좀 더 친해지라고 나를 부추기까지 했다. 나는 그와 즐거운 시간을 많이 보냈다. 분명 나는 그를 자주 귀찮게 하기까지 했다. 그렇게 우리의 관계는 시작되었다.

3장
증기에 사로잡히다

와트의 인생 최고의 시간은 이제 막 시작되려고 한다. 그는 로빈슨 교수가 그의 관심을 불러일으켰던 증기라는 주제에 깊이 흥미를 느꼈다. 그때 로빈슨은 스무 살이었고, 와트는 그보다 세 살 많았다.

로빈슨은 증기가 바퀴에 활용될 수도 있을 거라고 생각했다. 와트는 당시 증기에 대해 알지 못한 것을 인정했다. 그런데도 양철로 만든 두 개의 실린더로 움직이는 바퀴 모델을 만들었다. 그러나 얇고 부정확하게 만들어 만족스럽게 작동하지 않았다. 그것에 대해서는 더 들리지 않았다. 로빈슨은 얼마 후 글래스고를 떠났다. 증기의 정령이 와트를 계속 따라다녔다. 이때까지 증기 엔진의 모델조차 볼 수 없었던 그는 신기하게도 대학이 보유하고 있던 최신 유형의 모델에서 그의 연구를 발견하게 된다. 그것은 뉴커먼 엔진이었다. 대학은 그것을 물리학 수업에 활용하기 위해 구매했다. 누군가는 영국에 있는 대학들이 얼마나 그렇게 앞섰는지 궁금할 것이다. 글래스고 대학교는 시작부터 과학의 중요성을 인식했고 그 분야에서 계속해서 유명했다. 그 탐나고 이제는 역사적 모델이 된 기관이 수리를 위해 런던으로 보내졌다. 와트는 즉각 그것을 돌려달라고 요구했고 그 목적을 위해 돈까지 썼다. 와트는 마침내 증기라는 주제에 완전히 몰입했다. 그는 그 주제에 관한 모든 글을 읽었다. 그것과 관련한 귀중한 대부분의 자료는 프랑스어와 이탈리아어로 쓰였고 번역본은 없었다. 와트는 신속하게 그 언어들을 습득하기 시작했고, 알려진 모든 것을 습득했을 것이다. 그는 그 모델이 도착하기까지 기다릴 수 없었다. 1763년까지도 그 모델은 도착하지 않았다. 그는 1761년에 자신의 실험을 시작한다. 그가 어떻게 실험에 필요한 장치와 기기를 구할 수 있었는지 누군가는 물을 것이다. 대답은 간단하다. 그는 그것들을 만들었다. 약제상의 물약병이 그의 증기 보일러였고, 속이 빈 지팡이가 그의 증기 파이프였다. 수많은 실험이 이어졌고, 그는 많이 배웠다. 이에 대한 와트의 설명은 브리태니커 백과사전 제9판에 있는 증기와 증기 엔진 부분에 수록되어 있다.

와트의 수많은 실험, 실패, 어려움, 실망 및 성공에 대한 자세한 설명은 되풀이했던 다른 장애와 마찬가지로 이 책에서 언급할 사항은 아니다. 학생은 그것들을 쉽게 찾아볼 수 있다. 그러나 일반 독자는 이 지칠 줄 모르는 일꾼이 거둔 모든 승리에서 가장 중요한 홍예의 주춧돌과 같은 것이 무엇인지 관심이 있을 것이다. 뉴커먼 엔진이 드디어 도착했지만 성공적으로 작동하지 않았다. 보일러의 용량은 충분한 듯했지만 증기는 충분히 생성되지 않았다. 점화를 억지로 높여 증기를 더 많이 생성했지만 여전히 작동하지 않았다. 스마일스는 이 시점에서 보통의 실험자라면 포기했겠지만 와트는 완전히 흥분되었다고 정확하게 말한다. 로빈슨 교수는 "그에게 모든 장애는 새롭고 진지한 연구의 시작이었다. 나는 그가 그 엔진이 쓸모가 없다는 것을 발견하거나 그것을 성공시키기 전에는 그만두지 않을 것을 알았다"라고 말한다. 여기에서 어려움은 심각했다. 관련 책들을 찾아보았으나 소용없었다. 아무도 그것을 다루지 않았다. 독자의 실험 과정이 필수였으며, 평소 하던 대로 그곳에 들어가 밑바닥에서 진실을 발견해 자기만의 방식으로 도달하기로 결심한다. 여기서 그는 그를 엄청난 결과로 인도했던 한 가지 사실이 우연히 떠오른다. 그 사실이란 잠열의 존재였다. 그것은 와트의 친한 친구 블랙 교수가 최초로 발견한 것이었다. 와트는 증기로 변한 물이 자기 무게의 다섯 배가 되는 물을 덥혀 증기열로 만든다는 사실을 알았다. 그는 이렇게 말한다.

이 놀라운 사실(잠열 효과)에 충격을 받아 비록 왜 그런지 이해하지 못했지만 내 친구 블랙 박사에게 그것을 말하였다. 그는 그때 잠열 원리를 내게 설명해 주었고, 이 시기(1764년) 이전에 언젠가 그것을 설명해 주었다고 했다. 그러나 나는 사업에 몰두해 있었기에 그 훌륭한 이론에 의해 뒷받침되는 중요한 사실 하나를 우연히 만났지만 들었으면서도 알아보지 못했던 것이다.

여기서 우리는 같은 대학에 있던 두 사람의 경우를 본다. 한 사람은 잠열을 발견했지만, 다른 한 사람은 그것에 대해 전혀 알지 못했다. 다행히도 후자의 사람은 본래의 것을 알고 그것을 칭찬하는 것이 너무 기뻐, 이렇게 말하기 이상하지만, 그것을 처음으로 발견했던 사람에게 달려간다. 물론 와트는 그 교수의 수업을 듣지 않았다. 그리고 와트가 이 사실을 우연히 발견하기 몇 해 전에 그 이론은 블랙에 의해 발표되었지만 주목을 받지 못했음이 분명하다. 이 에피소드는 와트의 환경이 주었던 이점을 우리에게 다시 생각하게 한다. 그는 과학적, 기계적 탐구와 발명의 "기운"을 숨 쉬었고, 그의 가까이에는 표준 도서들이 있었을 뿐 아니라 그를 가장 잘 도와줄 수 있는 사람들이 있었다.

잠열이 왜 의미가 있는지 독자들은 묻는다. 간단히 그것을 설명하도록 하자. 프랑스 물리학자 아라고는 블랙의 실험이 현대 물리학의 가장 주목할 만한 발견 중 하나라고 선언한다. 와트가 물을 화합물로 발견하기 전까지 물은 하나의 원소로 통했다. 물은 온도에 따라 변하여 세 가지 상태로 존재한다. 액체와 고체와 기체로서, 물과 얼음과 증기이다. 예를 들어, 물을 증기로 바꾸어 2파운드의 증기를 동결점에 있는 10파운드의 물 속에 집어 넣으면 증기는 212도씨의 온도에서 온전히 액체가 되어 다시 물로 변한다. 그 과정에서 0도씨의 10파운드의 물은 212도씨로 온도가 올라간다. 이것은 2파운드의 증기가 동결점에 있는 10파운드의 물을 끓인다는 말이다. 차가운 표면과 접촉해 증기가 기체에서 액체로 변하는 순간에 낮은 온도에서 발산하는 잠열은 이렇게 엄청나게 세다. 이 열은 그 화합물 속에 철저하게 통합되어 가장 섬세한 온도기로도 그 변화를 탐지할 수 없다. 우리의 감각으로도 발견할 수 없지만 그 작용에 의해 존재를 드러내는 것은 의문의 여지가 없다. 석탄이나 나무를 때서 얻는 열이 물 속에서도 기체로 추출되고 이용된다. 이것은 분명 그저 온도의 문제이다. 열은 물을 212도씨로 끌어올려 기체로 바꿀 때까지 잠들고 죽어 있다. 그런 뒤 그 강력한 힘이 즉시 생명을 얻고 우리는 그 힘을 우리의 목적에 이용한다.

잠열에 대한 이 묘사는 나에게 그것을 명확하게 이해하게 했고, 동시에 와트야말로 증기 속에 실제로 압력과 상관없이 일정하고 변하지 않는 양의 열이 존재하는 것을 발견한 사람이라는 사실을 떠올리게 했다. 글래스고 대학교의 졸업생이자 켈빈 경의 제자였던 라우더 씨는 《증기의 재질에 관한 와트의 발견》에서 이렇게 말한다.

발견과 발명을 구분하는 것이 좋다. 와트에게 발명가라는 이름을 붙이는 것은 세계적인 추세로, 그것이 합당하고 충격적이어서 부정할 수 없다. 그렇지만 발견자 와트에 대해 더 깊게 관심을 둔 사람은 적다. 그의 마음이 증기가 내는 힘의 가능성을 향했을 때, 그는 자연스럽게 복종하면서 그 성질을 조사하기 시작했다. 단순한 발명가라면 뉴커먼 엔진이 수행한 것처럼 이미 알려진 내용에 만족하고 그 지식을 활용했을 것이다. 와트는 별도의 콘덴서를 발명해 위대한 발명가로 선정될 수 있었지만, 그는 탐구의 정신을 지녔고 증기의 본질에 관해 할 수 있는 모든 것을 찾아야만 했다.

그 첫 번째 발견이 잠열이었다. 블랙 교수와 대화할 때 그는 친구가 그것을 예견했고, 몇 년 동안 강의에서 학생들에게 그것을 가르쳤다는 것을 발견했다. 다음 단계는 증기의 열이 모두 얼마인지 발견하는 것이었다. 열은 실제로 어떤 압력에서도 일정했다. 블랙 교수의 명성은 잠열의 발견에 있다. 증기의 총열을 발견한 와트의 명성도 마찬가지로 위대해야 하며, 발명가로서의 역할이 그의 모든 업적을 가리지 않을 것이라는 것은 의심의 여지가 없다.

와트의 이 업적은 거의 알려지지 않았기에 일반 독자에게 그것을 알리는 것은 거의 사명에 해당한다. 올리브 기름을 담아 파는 플라스크 병을 가져다 찬물 속에 집어 넣도록 하자. 거기에 빛을 비추고 온도계를 갖다 댄다. 온도가 212도씨가 되기까지 꾸준히 오르는 것을 목격할 것이다. 그 온도에 이르면 물은 끓고 증기가 자유롭게 생성된다. 이제 온도계를 물에서 빼지만 여전히 증기 속에 두도록 하자. 온도는 같은 지점인 212도씨에서 안정적으로 남는다. 이제 모든 물을 증기로 바꾸는 데는 오랜 시간과 많은 양의 열이 필요하다. 증기가 물과 같은 온도로 내려감에 따라 다량의 열이 증기로 빠져나온 것이 분명하며, 그런 이유로 온도계는 우리에게 아무런 설명도 하지 않는다. 이것이 잠열이다.

이제 증기를 공기 중으로 날려 보내는 대신 차가운 물 속에 집어 넣는다면 그 증기가 가리키는 온도에 해당하는 양의 물보다 6배나 많이 덥히는 것을 발견할 것이다. 왜 그런지 확실히 해보자. 60도씨의 물 100갤론이 있다고 하자. 그리고 거기에 1파운드의 증기를 집어넣어 101갤런을 만든다. 그러면 온도는 12도씨가 올라 72도씨가 될 것이다. 다시 60도씨의 물 100갤런으로 돌아가자. 증기와 같은 온도인 212도씨의 물 1파운드를 거기에 집어넣으면 온도는 고작 2도씨 오를 것이다. 1파운드의 증기는 같은 온도의 1파운드의 물이 하는 것보다 6배나 많은 물을 덥힌다. 이것이 잠열의 양이고, 단순히 증기에 숨어 있는 열을 뜻한다.

실험을 계속해 증기를 물에 넣는 대신 어떤 압력에 이를 때까지 계속 가둔 뒤 물에 넣어도 같은 온도까지 올리는 데 드는 무게는 같다. 이것은 총열의 양은 압력이 어떻든 실질적으로 같다는 뜻이다.

이것이 제임스 와트의 발견이고, 광범위하게 이용되었던 고압 증기의 사용으로 그를 이끌었던 것이다.

심지어 석탄도 매사추세츠 공과대학교의 저명한 프리쳇 교수가 최근에 말했던 것처럼 잠열이 모두 소모되기 전에는 대체될 수 없다.

와트의 발명과 그 모든 것은 자연의 힘을 인간을 위한 봉사에 활용하는 하나의 단계로 이끌었을 뿐이다. 증기 엔진이 가져왔던 변화보다 더 많은 변화를 가져온 다른 발명이 있을 거라고 생각하는가? 잠깐만 생각해 보라. 와트가 해결한 문제는 단순히 기계의 발명에 관한 문제가 아니라 버려질 자연의 힘을 사용하고 저장하는 문제였다. 이제 지구 상에 사는 우리에게는 오직 하나의 동력원만 있다. 그것은 태양이다. 태양을 어둡게 하면 지구의 표면에 있는 모든 엔진이 멈추고, 모든 바퀴가 멈추고, 모든 움직임이 멈춘다. 이 동력의 공급이 얼마나 풍부한지 우리는 거의 고려하지 않는다. 대기에 흡수된다 해도 햇빛이 빛날 때 지표면의 각 제곱야드마다 태양이 전달되며, 그것은 한 마리의 말이 끊임없이 끄는 동력과 일치한다는 것도 여전히 사실이다. 도시에 있는 모든 공장과 도시 철도, 기타 기계적 힘을 소비하는 곳을 따뜻하게 하고 공급할 만한 충분한 기계적 힘이 대학 캠퍼스에서 낭비된다. 그 동력을 활용하고 저장하는 방법이 20세기의 발명가와 엔지니어의 문제이며, 적당한 시기에 반드시 해결해야 할 문제이다.

물 속에 있는 이 힘의 비밀스러운 근원을 발견한 후에 미래의 어떤 와트가 다른 힘의 근원을 발견하거나, 태양의 열에 있는 것으로 알려진 넘치는 힘을 활용하는 데 성공하거나, 화학 에너지를 동력의 형태로 직접 변환해 오늘날 우리가 갖거나 앞으로 가지게 될 어떤 열역학 기계보다 더 높은 효율을 내는 동물 속에서 자연에 의해 활용되는 잠재된 힘의 비밀을 발견할 것을 누가 의심할까. 셰익스피어가 모든 에너지를 활용하는 인간 움직임의 완벽한 힘을 알았다는 것을 우리는 거의 알지 못한다! 그는 이렇게 외쳤다. "인간은 참으로 조화의 걸작이라, 이성은 얼마나 고결하며, 그 능력은 얼마나 무한한가! 그 형태와 '움직임'은 이루 말할 수 없이 훌륭하지 않은가?"* 이 물음, 그리고 다른 수천의 물음이 제기되었다. 우리는 아널드가 그의 주인에게 했던 행을 잊었다.

> 다른 사람도 우리의 질문을 하지요.
> 당신은 자유입니다.
> 우리는 묻고 또 묻지요.
> 당신은 웃으며 여전히 잠잠하지요.**

인간의 "움직임"은 완벽한 기계의 움직임이나 고안되지 않는 자연적 힘의 적응보다 훨씬 더 "이루 말할 수 없이 훌륭하다." 켈빈 경은 동물 모터는 열 엔진보다 전기-자석 엔진에 더 흡사하며, 동물에 있는 화학적 힘은 전기를 통해

---

* 셰익스피어의 〈햄릿〉에서 햄릿이 외친 독백이다. - 역주
** 매슈 아널드의 시 〈셰익스피어〉에 나오는 행이다. - 역주

외부의 기계 효과를 내며 열역학 엔진처럼 작동하지 않는다고 말한다.

현재의 방법에서 발생하는 열에너지의 낭비는 끔찍할 정도이다. 석탄으로 만든 열에너지의 대략 35퍼센트가 증기 보일러로 들어가고, 이 증기 보일러의 오직 15퍼센트만이 기계적 힘이 된다. 이렇듯 본래 석탄에서 발생한 열의 약 10분의 9가 낭비된다. 더 나아가 그 기계적 힘을 전기로 바꿀 때는 오직 2퍼센트에서 5퍼센트만이 빛으로 바뀔 뿐이다. 다른 말로 하면 석탄에서 빛으로 바꿀 때 우리는 사용한 100파운드의 석탄에서 본래 에너지의 0.5퍼센트만 얻을 뿐이고 99.5퍼센트는 버린다는 말이다. 가장 크고 좋은 기계일지라도 사용된 100파운드의 석탄에서 1파운드가 약간 넘게 가능할 뿐이다.

와트가 잠열을 이용해 증기 엔진에 다섯 배의 효율을 주었을 때, 그는 사람을 감싸는 신비한 영역의 가장자리만 건드렸을 뿐이다.

그 신비에 깊숙이 들어갔던 가시 없는 선인장과 새로운 열매를 만든 버뱅크는 우리에게 말한다.

식물 생명체에 관한 사실은 진화의 운동 이론을 필요로 한다. "물질은 힘의 보고이다"라는 헉슬리의 진술은 "물질의 보고는 힘 자체이다"로 약간 수정할 필요가 있다. "이온" 이론이 버려질 때 그때는 올 것이고, 힘과 물질 사이에는 어떤 선도 남지 않을 것이다.

매슈즈 교수는 우즈홀의 레브 교수와 함께 전기 반응을 통해 성게에 생명을 불어넣고 있는데, 그는 "특정 조건에서 함께 오는 특정 화학 물질은 생명을 생산하기 마련이다. 모든 생명은 보편 법칙의 작동을 통해 온다"라고 선언한다. 우리는 이 신비로운 사업에서 초기 단계일 뿐이다. 뒤에 놓여 있고 아마도 가까이 있는 것은 물질의 매개뿐만 아니라 인간의 인식까지 혁명적으로 바꿀 것이다. "당신이 철학에서 꿈꿔 왔던 것보다 더 많은 것이 하늘과 땅에 있다."

잠열은 실제로 발견되었지만 아직 발견되지 못한 또 다른 것이 남아 있었다. 와트는 사용된 증기의 5분의 4 이상이 실린더를 가열할 때 손실되며, 오직 5분의 1만이 피스톤을 작동시키면서 실행한다는 사실을 발견했다. 이것을 막으면 거인의 힘은 네 배 증가한다. 여기서 이기면 전쟁에서 이기는 것이다. 그렇다면 첫째로 무엇이 손실을 일으키는가?

그것은 곧 파악되었다. 실린더는 꼭대기가 공기에 노출되었기 때문에 냉각될 필요가 있었고, 진공 상태를 만들기 위해 피스톤을 위로 올리도록 증기를 응축하기 위해 밑으로 내려가면서 냉각될 필요가 있었다. 그것이 없으면 또 다른 상향 스트로크를 시작하기 위해 피스톤이 위에서 밑으로 내려갈 수 없다. 차가운 물을 분사하는 것이 그 효과를 내기 위해 도입되었다. 이 극복할 수 없을 것으로 보였던 장애를 극복하기 위한 방법이 와트가 오랫동안 심오하게 연구했던 문제였다.

많은 계획을 떠올렸지만 결국 버려질 뿐이었다. 마침내 우글거리는 뇌 속으로 섬광 같은 빛이 들어왔다. 유레카! 그는 그것을 발견했다. 그 후 의심의 여지가 없었다. 해결책은 바로 거기에 있었고, 필요한 기구를 발명했다. 큰 경기를 경험할 때의 행동 방식이 여기서 아름답게 예시된다. 뉴커먼 엔진을 일반 목적에 사용할 수 없게 했던 결함의 근원을 발견했을 때 그는 즉각 하나의 필수불가결한 조건을 만들었는데, 그것만이 문제를 해결할 수 있으며, 성공적인 증기 엔진이라면 반드시 있어야만 하는 조건이었다. 이것이 그 조건의 열쇠였기 때문에 그 외 모든 것을 불필요한 것으로 버렸다. 이것은 하나의 공리로, 1769년의 그의 첫 번째 특허 명세서에 반복해서 나온다. "완벽한 증기 엔진을 만들기 위해서 실린더는 항상 그 속에 들어온 증기만큼 뜨거워야 하며, 증기는 100도씨 이하로 냉각되어야 전 출력을 낼 수 있다."

와트는 어떻게 "별도의 콘덴서"라는 아이디어가 갑자기 떠올랐는지를 설명한다.

나는 1765년 초 어느 좋은 안식일 오후에 산책을 했다. 샬럿 스트리트 기슭에 있는 초록색 문으로 들어가 오래된 세탁장을 지나갔다. 나는 그때 엔진을 생각하고 있었고, 목동의 집을 지나자마자 마음속에 그 생각이 떠올랐다. 증기는 탄성체이기 대문에 진공 상태로 돌진할 것이고, 만약 실린더와 빈 용기 사이에 통신이 만들어진다면 실린더를 냉각시키지 않고도 증기를 응축할 수 있을 것이다. 나는 그때 뉴커먼 엔진에서처럼 분출을 사용하려면 응축된 증기와 분사수를 제거해야만 하는 것을 알았다. 이에 두 가지 방법이 떠올랐다. 첫째, 만약 배수관이 35피트 또는 36피트의 높이에 있다면 하강하는 파이프를 통해 물을 흘려보낼 수 있으며, 어떤 공기도 작은 펌프로 빼낼 수 있을 것이다. 둘째, 물과 공기를 함께 빼낼 만큼의 큰 펌프를 만들어야겠다. … 이 모든 것이 내 마음속에 정리되었을 때 나는 골프 하우스보다 더 멀리 가지 않았다.

블랙 교수는 말한다. "이 주요한 개선이 즉시 그의 뇌리에 떠올랐고, 그는 황홀한 마음이 가득했다." 우리는 상상할 수 있다.

> 새로운 행성이 그의 소굴로 쓸려 들어왔을 때
> 그는 하늘의 관찰자가 된 것처럼 느꼈다.

인간에게는 증기 엔진이 공급되지 않았기 때문에 새로운 세계가 와트의 두뇌에서 생겨났다. 어떤 이는 그 사랑스러운 겸손한 남자가 수년 후에 이제껏 통제할 수 없었던 증기를 정복했다고 그에게 주어진 열렬한 찬사에 압도되었을 때, 콘덴서에 대해 변명하는 듯이 하는 언급을 읽으면서 웃음을 짓는다. 그는 자신의 길에 들어왔고, 우연히 발견했던 그 효과에 대해 더듬으며 말했다. 다른 사람은 놓쳤다. 그게 전부다. 누군가는 그것을 우연히 발견해야만 했다. 이것이 전부고, 우리는 제이미 와트(친구들에게 그는 언제나 제이미였다)

처럼 헌신된 사람을 사랑한다. 그러나 역사의 진실은 그것을 모두 입증해야 한다. 역사는 선언한다. 더 높은 곳으로 올라가고, 위대한 모든 발명을 이룩한 발명가, 위대한 발견자, 그리고 고귀한 사람들 중의 한 사람으로 불멸의 사람들 속에서 자리를 차지하십시오!

여기서 뉴커먼 엔진과 증기 엔진 사이에 한 가지 변화가 놓인다. 뉴커먼 엔진은 공기압에 제한이 있었다. 그러나 증기 엔진은 고압의 증기에서 나오는 엄청난 힘을 사용하는 것이 늘어남에 따라 현대적 엔진으로 발전할 수 있었고, 시간이 갈수록 개선되었다.

와트는 증기를 실린더에서 빼내어 별도의 용기에서 응축시켜 실린더를 뜨겁게 한다. 그는 실린더 위를 닫고 원형 피스톤(그전까지는 모두 사각형이었음)을 통과시키고 밀폐해 증기가 빠지는 것을 막는다. "피스톤 운동"의 빠르기는 실린더의 온도를 높게 유지한다. 게다가 그는 실린더에 덮개를 해서 실린더와 증기로 채워진 덮개 사이에 공간을 남긴다. 이렇게 하여 그는 "실린더는 들어오는 증기만큼 뜨겁게 유지된다"는 그의 법을 완성한다. "정말 간단하군!", "그게 다예요? 이건 분명히 그것을 할 수 있는 방법이군요!" 매우 사실이고 독자를 놀라게 하지만, 또한 콘덴서와 밀폐된 실린더가 없다면 현대의 증기 엔진도 없다는 사실이다.

안식일 다음날인 월요일 아침, 와트는 새로운 아이디어에 일찍 착수한다. 그가 잠을 얼마나 잤는지는 기록이 없지만 밤에 여러 가지 콘덴서를 떠올려 보았다고 상상할 수 있다. 한 가지는 즉시 만들어야 했다. 그는 대학 친구에게서 놋쇠 수동 펌프를 빌린다. 그것은 실린더 본체 역할을 할 것이었다. 최초의 콘덴서 용기는 즉석에서 만든 수동 펌프와 주석 깡통이었다. 그런 떡갈나무 열매에서 커다란 떡갈나무가 자라야 했다. 실험은 성공적이었고 발명은 완전했지만, 와트는 세부 사항이 해결되기 전에는 중단 없는 노고의 시절이 지나가지 않을 것이며 증기 엔진이 세계의 노동에 혁명을 일으킬 준비가 된 것을 분명하게 보았다. 이 기간에 블랙 교수는 그의 주된 조언자였으며, 실망의 시절에 그를 격려했다. 진실하고 유능한 그 친구는 그렇게 했을 뿐만 아니라, 와트가 그 일에 시간과 힘을 집중할 수 있도록 필요한 돈을 주기도 했다.

이 시점에서 매우 적절하게 와트는 오랫동안 좋아했던 사촌 밀러와 결혼한다. 친구들은 그에게 결혼이 매우 중요했다는 데 동의한다. 실험과 노력의 시간을 아무런 상처 없이 보낼 수 없었기 때문이다. 골똘히 생각하는 경우가 자주 있였고, 누군가 함께 있지 않으면 어느 정도 우울해지는 일이 일상사였다. 신경성 두통 또한 앓았기 때문에 그런 아내를 얻는 것은 신이 그에게 준 선물 만큼이나 운이 좋은 것이었다. 그녀는 온유하면서도 강했다. 와트가 꾸준히 그 일을 할 수 있었던 것은 그녀가 준 용기, 믿음, 웃음 때문이었다. 분명 그는 집에서 천사와 함께 사는 복 받은 다른 많은 남자처럼 진실로 자신의 고민거리가 문간에서 사라진다고 단언할 수 있었다.

와트는 마침내 전에 가지지 못했던 가정을 가지게 되었다. 그가 이제 만나게 될 그 시도의 시절에 낙담하지 않도록 와트 부인이 밝고 즐겁게 해주지 않았더라면 과연 성공했을 것인지 의심하는 친구가 한둘이 아니다. 캠벨 씨는 말한다.

나는 와트 씨가 사촌 밀러 씨를 일찍이 계속해서 쫓아다닌 것에 대해 어머니가 알려 준 흥미로운 사실에 빠져들지 않았다. 그러나 어머니는 이것이 그의 인생에 즐거움을 더했고, 그의 성격에 가장 유익한 영향을 주었다고 여겼다. 그의 강한 마음조차도 종종 사람을 싫어하는 우울한 기분으로 가라앉고, 계속되는 신경성 두통의 압박에 시달리며, 인생에서 성공할 것이라는 희망이 꺾여 실망했다. 와트 부인은 달콤하고 활기차고 명랑한 기질이 있어 와트 씨를 모든 변덕스러운 모습에서 끌어내고, 그를 적극적으로 움직이도록 불러일으키고 기운을 북돋는 힘이 있었다. 그녀는 그의 속에 있는 온화한 미덕, 타고난 자비심, 따뜻한 애정을 끌어냈다.

그녀에 대한 모든 기록에서 볼 때 우리는 와트를 바사니오와 같은 인물로 분류하는 것이 정당하다.

> 당연지사야.
> 올바르게 사셨으니
> 그런 부인을 만난 것은 축복이지.
> 지상에서 천국의 기쁨을 찾은 셈이야.
> 땅에서 그런 자격을 누리지 못한다면
> 천국에는 당연히 못 갈 터이니.*

---

* 셰익스피어의 〈베니스의 상인〉 3막 5장에 나오는 제시카의 대사이다. - 역주

와트는 이것을 알고 느꼈고, 그의 의무처럼 부인에게 이것을 행동뿐만 아니라 자주 알림으로써 알게 했다.

와트는 경솔하게 결혼하지 않았다. 그의 도구 제작 사업은 예상했던 대로 커졌고, 이내 그가 일을 정확하게 수행한다는 명성이 만들어졌기 때문이다. 처음에 그는 모든 주문을 스스로 처리할 수 있었다. 하지만 이제 그는 16명의 일꾼을 두었다. 그는 필요한 자본을 얻기 위해 크레이그 씨를 동업자로 두었다. 그의 연 수익은 3천 달러였다. 그는 1760년에 가게를 도시의 새로운 구역으로 옮겼고, 대학 밖에 자신이 살 곳을 얻었다. 그곳을 꾸민 뒤 와트는 1764년 7월에 부인을 데려와 그곳에 살게 했다. 이에 관해서는 그가 아주 세심하게 내조를 받았고, 무엇보다도 증기 엔진을 만들기를 포기하지 않도록 꾸준히 격려와 조언을 받았다는 사실을 기쁘게 알기에 더 언급하지 않는다. 우리가 곧 보게 되겠지만, 그런 격려는 종종 매우 필요했다.

첫 번째 단계는 모든 발명을 작동하는 형태로 구현된 하나의 모델로 만드는 것이었다. 낡은 지하 저장실을 빌려 거기서 그 일을 시작했다. 계획을 세우는 것은 쉽지만 그것을 실행하는 것은 매우 다른 문제이다. 와트는 일에 대한 좋지 않은 기억으로 상심하지 않았고, 어떤 결과가 나올지라도 이 작동 모델은 불완전하게 만들어 실패하는 일이 있어서는 안 된다고 결심했다. 그의 작품은 가장 훌륭하고 섬세한 종류의 것이었지만, 그가 말했듯이 그는 "위대한 기계공의 경험이 일천"했다. 이 모델은 당시로는 괴물이었고, 그의 디자인을 수행할 수 있는 기계공을 찾기란 매우 어려웠다. 유일하게 가능한 인력이라고는 대장장이와 양철공이었고, 이들은 대부분 자신들이 하는 일에서조차 서투른 일꾼들이었다. 와트가 오늘 지구를 다시 방문한다면 바로 이 응용 기계 공학 분야에서 그때 이후로 변하거나 개선된 모든 점에서 1764년보다 더 결정적으로 바뀐 점을 쉽게 찾을 수 없을 것이다. 사실 오늘날 와트가 지하실에서 만들었던 것과 같은 모델은 단순한 작업일 것이다. 심지어 오늘날의 가솔린이나 전기 모터도 비록 증기 엔진보다 훨씬 복잡하기는 해도 자동화된 기계에 의해 생산된다. 숙련된 노동자는 부품을 만들 필요가 없다. 그들은 그저 기계를 쳐다보며 서 있을 뿐이고, 그 기계는 오류 없이 정확하게 일을 수행하는 자동화 도구에 의해 만들어진 것이다. 와트가 오늘날 우리의 보유 자원에 있는 한 작은 부분에 이름을 붙인다고 한다면, 그는 그의 증기 엔진 모델에 미네르바라는 이름을 붙였을 것이다. 증기 엔진은 미네르바처럼 자동화 기계의 창조물과 그 노동자들을 완벽하게 산출했을 것이고, 신과 같은 이성을 실천하는 그의 지시를 이행하고 활용하는 그 기계공의 노예들을 미소를 지으며 바라보았을 것이다.

그 모델은 쉬지 않고 노력한 결과 6개월 뒤에 준비되었고, 와트가 모든 부품을 꼼꼼하게 만들었지만, 안타깝게도 "너무 많은 구멍에서 콧방귀를 꼈다." 당시의 "완벽한 결합"이 의미하는 바를 오늘날의 기계공은 거의 예측할 수 없다. 그러나 위대한 아이디어의 완벽한 정확성은 수많은 시도로 증명된다. 올바른 원리가 발견되었다. 그것은 의심의 여지가 없다. 와트의 결정은 "쟁점을 따라야 한다"는 것이었다. 그렇지 않으면 그는 편하지 않았다. 그는 친구에게 편지를 썼다(1765년 4월). "나는 오직 그 기계만을 생각하네. 다른 것은 생각할 수가 없네." 당연하다. 그는 추적에 눈을 부라린 가장 큰 사냥꾼이었다. 그는 사냥감을 보았고 쓰러뜨릴 무기가 무엇인지 알았다. 더 큰 모델, 그가 다음에는 결함에서 자유로울 것이라고 느낀 모델이 신속하게 결정되었다. 더 크고 더 좋은 가게를 구해, 그곳에 조수들과 함께 틀어박혀 두 번째 모델을 만들었다. 첫 번째 모델은 6개월이 걸렸지만 두 번째 모델은 2개월로 충분했다. 이 모델 또한 첫 번째 시험에서 많은 방향으로 누출이 있었고 콘덴서는 수정이 필요했다. 그런데도 엔진은 많은 것을 달성했다. 이전에 비해 제곱인치 당 10.5파운드의 압력으로 쉽게 작동했다. 여전히 와트에게 주된 골칫거리는 실린더와 피스톤이었다. 실린더가 새는 것은 당연했다. 실린더는 직선처럼 망치질을 해야 하는 것이었는데, 당시에는 실린더를 만드는 모든 기계 공학 기술을 모아도 아주 단순한 종류의 조야한 실린더조차 만들 수 없을 정도로 그 기술이 떨어졌다. 이것은 글래스고에서 하기에는 과도하게 힘든 것으로 해석되어서는 안 된다. 140년 전인 1765년의 세계 기술로는 그렇게 할 수 없었다. 우리는 너무 빨리 이동하기 때문에 우리 중에는 여전히 우리가 서 있다고 믿는 똑똑한 척하는 사람이 있는 것은 놀랄 일이 아니다.

와트의 공로는 그의 발견과 발명 뿐만 아니라 이 "대수롭지 않은 듯한 뇌의 생각의 정체"를 밝히는 데 보였던 손재주였다는 것을 다시금 강조하는 것이 용인될 것이다. 그 기계공이 구체적인 형태로 만들지 않았더라면 그 위대한 아이디어는 "대수롭지 않은" 것으로 남았을 것이다. 따라서 와트는 발명가이자 발견자이며, 직접 해 보이는 육체노동자이기도 하다. 우리가 나중에 보게 되듯이, 그는 계획을 실행하고 함께 일하고 직접 교육할 수 있는 새로운 유형의 노동자들을 만들었다. 그러므로 와트는 발견자, 발명자, 제작자의 세 가지 능력으로 사람들에게 유익을 주었던 사람으로 언제나 자리해야만 한다.

실린더 결함은 심각한 것이었지만 명확하게 기계적 결함이었다. 확실한 해결책은 공구와 기구를 고안하고 새로운 필요를 만족시킬 수 있도록 일꾼들을 교육시키는 것이었다. 정확한 실린더는 부드럽고 정확한 표면과 피스톤 사이에 누출이 생기지 않는다. 그러나 또 다른 어려움에 대한 해결책은 그렇게 쉽게 제시되지 않았다. 와트는 증기를 아끼기 위해 실린더의 꼭대기를 막아 뉴커먼 엔진이 했던 것처럼 피스톤의 위 표면에 물을 쓰지 못하게 했다. 그렇게 피스톤과 실린더 사이의 작은 틈에 증기를 채워 증기가 새는 것을 막았다. 와트의 피스톤은 둥글어 실린더의 꼭대기를 지나갔다. 그 모델은 이런 이유로 누출이 심했다. 누출을 해결하기 위해 수많은 실험을 하면서, 구멍을 막기 위해 많은 다른 것들을 시도하면서, 그는 한 친구에게 "내 오랜 흰색 아이언맨은 죽었네"라고 편지를 썼다. 그는 최고의 기계공이 되도록 훈련받았지만 당시에 이것은 끔찍한 손실이었다. 불행은 결코 홀로 오지 않는다. 엔진을 점검한 뒤 점화했을 때 빔(beam)이 부러졌다. 낙담했지만 포기하지 않은 채

계속 싸웠고, 꾸준히 노력했으며, 한 가지씩 어려움을 만나 해결하면서 언젠가는 증기를 활용할 방법을 발견할 것이라고 확신했다.

4장
로벅과의 동업

 자본은 엔진을 완벽하게 만들고 시장에 내놓는 데 필수였다. 그것은 수천 파운드가 필요할 것이었다. 와트가 부자였다면 분명 쉬웠을지 몰라도 그는 가난했고, 도구를 만드는 사업 외에는 돈을 마련할 길이 없었고, 그것도 때로 소홀히 할 수 밖에 없었다. 결과가 어찌 될지 모르는 이런 성격의 사업에서 생길 큰 위험을 감수하려는 그런 과감한 낙관론자가 어디 있겠는가. 여기서 와트의 가장 친한 친구인 블랙 교수는 때로 자신의 자원을 활용해 와트의 긴급한 필요를 덜어 주고 필요할 때 친구임을 다시 한번 입증한다. 블랙은 근처에 있는 유명한 캐론 아이언 웍스의 설립자 로벅을 생각했다. 번스는 거부당했을 때 다음과 같이 외쳤다.

> 우리는 당신의 업적을 보러 여기에 왔다.
> 더 현명해지려는 바람에서.
> 그러나 지옥에 가지 않게 하는 것만으로도
> 놀라지 않을 것이다.

로벅은 블랙에게 그 주제를 소개받았고, 마침내 1765년 9월 와트를 블랙 교수와 함께 그의 고향으로 초대한다. 그는 와트에게 그 발명을 "학자로서 추구하는지 아니면 사업가로서 추구하는지" 밝히라고 재촉하기도 했다. 11월에 와트는 로벅에게 그가 작업 중인 밀폐된 실린더와 피스톤의 도면을 보내기도 했지만 결과가 좋지 못해 이내 쓸모없게 되었다. 그는 로벅에게 편지한다. "엔진을 만드는 데 있어 가장 큰 어려움은 단조(鍛造) 작업입니다."

이 시기에 와트는 돈 때문에 매우 곤란했다. 실험 비용이 많이 들었지만 아무 것도 가져오지 못했다. 가족을 부양하기 위해서는 실험을 위한 시간과 노동을 포기해야만 했다. 그는 측량 기사로 일하기로 결심한다. 측량 도구를 만들 때 그 기술을 습득했고, 손대는 것마다 그것을 배우고 습득하는 것이 그의 습관이었기 때문에 가능했다. 그는 무엇이든 알 수 있는 모든 것을 알 때까지 결코 쉬지 않았다. 그리고 물론 그는 해냈다. 모두가 그가 해낼 줄 알았고, 그래서 일거리가 그에게 주어졌다. 글래스고의 관리들도 새로운 광산 지역을 연결하는 운하를 측량하는 일을 그에게 맡기는 데 조금도 망설이지 않았다. 그는 또한 제안된 포스 운하와 클라이드 운하를 측량하는 일도 맡았다. 그가 돈을 벌고 영국의 수석 측량자 또는 엔지니어가 되는 것에 만족했더라면 세상은 세상의 일을 하기로 예정된 거인을 오래 기다려야 했을 것이다. 그러나 그럴 위험은 거의 없었다. 세상은 와트가 맡은 일에서 와트를 끌어내게 할 만한 유혹 거리가 없었다. 그는 언제나 엔진만을 생각했고, 모든 남는 시간을 엔진에 쏟아부었다. 로벅의 투기적이고 진취적인 성격 또한 넋을 빼는 증기 분야로 그를 인도했다. 증기는 그의 뇌리를 떠나지 않았다. 결국 로벅은 1767년에 와트의 빚을 1천 파운드에 갚고 더 많은 실험을 위한 수단을 제공하며 엔진에 대한 특허를 확보하기로 결정한다. 그 대가로 그는 발명의 3분의 2를 소유하게 되었다.

다음 해 와트는 첫 번째 시도의 결과에 만족하지 못해 새롭고 더 큰 모델을 시도한다. 그는 로벅에게 "예상치 못한 불행으로 수은이 실린더 안으로 들어와 결합하는 악마 노릇을 하고 말았다"라고 편지한다. 한 달간의 힘든 노력 끝에 두 번째 시도를 하여 매우 다르고 정말 놀랄 만한 결과를 낸다. 와트는 "마음으로 만족하는 성공"이라고 외쳤다. 이제 그는 동업자에게 오랫동안 약속했던 빚을 갚을 것이다. 그는 로벅에게 편지했다. "당신이 이 성공적인 결과를 즐거워하기를 진심으로 바랍니다. 저는 당신에게 진 빚을 어느 정도 갚을 것입니다." 동업자 로벅을 찾아갔던 축하 방문도 기뻤다. 그들의 모든 슬픔은 최근에 거둔 성공으로 "대양의 깊은 가슴 속에 묻혔다." 그들은 이미 그들의 손에 있는 행운을 보았고, 태양은 이 적은 행복한 날들을 밝게 비추었다. 그러나 오랜 노래에는 교훈이 있다.

나는 잿빛 언덕으로 장식된 아침을 보았네,
날이 끝나기도 전에 언덕에 폭풍이 부는 것을 보았네.

즉각 성공을 거두는 대신, 시도의 날과 해가 여전히 그들 앞에 있었다. 특허 결정은 오늘날에는 거의 형식적인 절차에 불과하지만, 당시에는 그렇지 않고 독점 시장을 주는 것으로 고려되어 특허에 대한 평판이 매우 좋지 못했다. 와트는 법원 직원 앞에서 해야 하는 신고를 위해 베릭온트위드에 갔다. 1768년 8월 그는 런던에서 특허 때문에 매우 지친 상황에 부닥치게 된다. 특허 진행은 지연되었고, 특허에 드는 돈은 엄청나게 많아 화가 났다. 그는 절망적인 기분에 아내에게 편지를 썼다. 아내는 올바른 투약 처방과 같은 답장을 보낸다. "당신이 원하는 대로 일이 되지 않더라도 상심하지 말기를 바래요. 엔진이 되지 않는다면 다른 무언가가 될 거에요. 절대 절망하지 마세요." 그런 훌륭한 아내를 둔 행복한 남자 같으니! 와트는 그 모델의 성공으로 의기 고양의 정점에 올랐다가 힘든 과업의 오직 절반만 성공한 것을 발견하고서 절망의 골짜기에 갑자기 떨어졌고, 어려움의 언덕은 여전히 그 앞에서 어른거렸다. 반응이 일어났다. 그의 좋은 뇌가 너무 오랫동안 극도의 긴장에 시달렸는지 높은 압박감 속에 간격을 두고 작동하기를 거부했다. 수입이 즉각 들어오는 일을 하지 않는다면 가족을 부양할 수 없다는 걱정에서 그런 것은 아니었지만, 낙담하는 상태가 반복되었고 심해지기까지 했다.

우리는 여기서 그의 평생의 특징 중 하나를 언급할 수 있다. 와트는 실무의 사람이 아니었다. 그는 사업을 혐오했다. 동업자인 볼턴에게 언젠가 썼던 편지에서 그는 "분쟁 중인 일을 해결하거나 계약을 맺기보다 차라리 장전된 대포 앞에 서겠다"라고 했다. 돈과 관계된 일은 특별히 혐오했다. 그러나 다른 형태의 어려움이나 위험, 책임에 대해서는 사자의 심장을 지녔다. 금전상의 책임은 어두운 벽장에 대한 이유 없는 두려움 같은 것이었다. 그는 "솔로몬은 지식이 늘수록 슬픔도 는다고 했는데, 만약 지식을 사업으로 바꾼다면 그것은 완벽하게 사실일 것이다"라고 썼다.

로벅은 이 비상상황에서 훌륭하게 빛난다. 그는 언제나 낙관적이었고, 와트가 앞으로 나가기를 격려했다. 1768년 10월 그는 편지한다.

당신 인생의 가장 활발한 부분이 무의식적으로 앞으로 미끄러져 가고 있습니다. 하루, 한순간도 소홀히 해서는 안 됩니다. 당신은 다른 어떤 것을 생각하거나, 심지어 이 [모델]의 개선에 마음이 팔려서는 안 되며, 오직 당신의 현재 아이디어대로 적정한 크기의 엔진을 실행하는 가장 빠르고 가장 효과적인 방법만을 생각해야 합니다.

와트는 1769년 1월에 스몰 박사에게 편지한다. "저는 많이 고안했지만 실행한 것은 거의 없습니다. 제 건강과 영혼은 저에게 얼마나 가치가 있을까요!" 그는 한 달 후에 다시 편지한다. "저는 여전히 두통에 시달리고 있으며, 때로는 가슴 통증에 시달립니다." 이제는 불면증이 찾아왔다. 그런데도 이 모든 시기에 그는 마음을 사로잡는 한 가지 일에 푹 빠져 있었다. 그는 북부 하르츠에서 기계, 용광로, 광산 작업 방법을 설명하는 레오폴트의 《기계 이론》을 입수했다. 아뿔싸! 그 책은 독일어로 되어 있어 이해할 수 없었다. 그는 즉각 그 언어를 습득하기로 결심해 글래스고에 사는 스위스계 독일인 염색업자를 찾아가 그에게 독일어를 가르쳐 달라고 했다. 그렇게 독일어와 그 독일어 책을 모두 습득한다. 깊은 절망 속에서 이것은 나쁘지 않은 일이었다. 이전에도 그는 같은 목적으로 프랑스어와 이탈리아어를 성공적으로 습득했다. 그렇게 아픈 중에도 악마와 같은 증기는 그를 계속 따라다녔고, 그에게 안식을 주지 않았다.

와트는 그의 첫 번째 특허 명세서를 준비하는 작업에서 어려움을 겪었는데, 이 특허의 초기 시대에는 모든 중요한 것이 "독점"으로 인식되었기 때문이다. 한두 단어로 독점의 타당성이 넘치거나 부족하게 되었다. 한두 단어를 빼기도 넣기도 위험했다. 전문가들은 와트가 여기서 뛰어난 능력을 발휘했다는 데에 동의한다.

특허에 대한 태도보다 대중의 견해가 더 완전히 바뀐 것은 없다. 와트의 시대에 특허를 신청하는 발명가는 예비 독점가였다. 법원도 대중의 견해를 공유했다. 브로엄 경은 대중의 견해를 격렬하게 비판해 발명가는 보수를 받을 자격이 있다고 선언했다. 모든 점이 그 불행한 은인을 대항하도록 해석되어, 마치 그가 동료 시민을 약탈하는 공공의 적인 것처럼 되었다. 오늘날 그 발명가는 최고의 은인으로 환영받는다.

주목할 만하게도, 와트가 1769년 1월 5일 그의 첫 번째 특허를 획득하던 바로 그날에 아크라이트가 정방기(精紡機)로 특허를 받았다는 사실이다. 바로 전해에는 하그리브즈가 다축 방적기로 특허를 취득했다. 그들은 조면기(繰綿機)를 발명한 미국인 발명가 휘트니와 함께 영국 섬유 산업의 발전을 최선두로 내세운 두 명의 발명가이다. 5600만 개의 회전 심봉이 오늘날 그 작은 섬에서 돈다. 그것은 문명화된 세계가 돌릴 수 있는 것보다 더 많은 숫자이다. 훨씬 뒤에 스티븐슨이 증기기관차를 가지고 왔다. 여기 진정한 의미의 임금 노동자인 4인조 육체노동자의 기록이 있다. 그들은 와트, 스티븐슨, 아크라이트, 하그리브즈이다. 이와 같은 4인조가 어디에 있는가!

오늘날의 노동자는 이것을 숙고해야 하며, 육체 기계 노동이야말로 기계 발명가를 만들고 그런 은인들이 이룩한 성과로 이끄는 가장 가능성 있는 경력이라는 진실을 마음속에 새겨야 한다. 만약 기회가 부족하다고 생각된다면 우리 시대에 비해 이점이 적었던 이 노동자들을 생각해야만 한다.

가장 큰 발명인 콘덴서는 1769년의 첫 번째 특허로 충분히 보호되었다. 이때까지의 최고의 엔진은 뉴커먼 엔진으로 오로지 물을 퍼내는 데 사용되었다. 우리가 보았듯이 이것은 대기 엔진으로 증기 엔진이 전혀 아니었다. 증기는 오직 무거운 피스톤을 들어 올릴 힘으로만 사용되었고, 증기로 다른 일은 수행하지 않았다. 펌프질은 모두 하향 스트로크로만 이루어졌다. 피스톤 밑에서 사용된 증기의 압축은 진공 상태를 만들었고, 이것은 오직 피스톤의 하강만 가능하게 했다. 이것은 피스톤 운동 사이에 실린더가 냉각되어야 하는 것을 초래했고, 사용된 증기의 5분의 4 정도가 낭비되는 것으로 이어졌다. 그의 특허에 명시된 대로 "실린더는 그 안으로 들어온 증기만큼 항상 뜨거워야 한다"라는 와트의 법칙에 순응해, 증기를 보존하기 위해 콘덴서가 발명되었다. 그렇지만 와트의 "수정된 기계"는 그의 특허대로 오직 상향 스트로크 작업만을 위해 증기를 사용했다는 점을 분명하게 기억할 필요가 있다. 뉴커먼 엔진은 단지 피스톤을 억지로 밀어 올리기 위해서만 증기를 사용했다. 양방향으로 작동하는 엔진, 즉 상향 작업과 하향 작업을 하는 엔진은 나중에 나왔고 1780년의 두 번째 특허에 의해 보호받았다.

와트는 그의 엔진이 뉴커먼 엔진보다 성공적이고 뛰어나다는 것을 알았지만 여러 면에서 개선될 수 있다는 것을 잘 알았다. 중요하게도 그것은 최종적이고 완전한 승리에 대한 확신의 이유였다.

이러한 가능한 개선을 위해 그는 수년간 헌신했다. 기록은 우리에게 그의 일과 관련된 발명은 하나가 아니라 여러 개라는 사실을 다시 한번 상기시킨다. 스마일스는 이 시점의 몇몇 프레싱 작업에 대해 다음과 같이 요약한다.

파이프 콘덴서, 플레이트 콘덴서, 드럼 콘덴서의 다양한 시도, 열의 낭비를 막기 위한 스팀 재킷, 피스톤 밴드를 꽉 조이는 새로운 방법의 많은 시도, 콘덴서 펌프, 오일펌프, 게이지 펌프, 배출하는 실린더, 로딩 밸브, 더블 실린더, 빔과 크랭크. 이 모든 고안과 다른 것들은 수많은 실패와 실망 속에서 정교하게 생각되고 시험되어야 했다.

다른 것들도 많다.

누구의 도움도 없이 이 최고의 수고자는 이렇게 오랜 세월 계속된 노동과 열망 끝에 천천히 그리고 힘들게 증기 엔진을 발전시켰다. 그렇게 그의 시기 - 모든 시기라고도 말할 수 있다 - 에 누구도 그럴 것이라고 알거나 보이지 않았던 머리와 손의 자질과 힘을 일에 접목했다.

어떤 고귀한 영주가 그의 고귀한 성취를 칭송했을 때 그는 대답했다. "대중은 내 성공을 볼 뿐 사다리 꼭대기까지 올라가는 수많은 단계마다 있었던 수많은 실패와 모욕적인 손가락질은 보지 않지요."

매우 사실이면서 매우 맞다. 대중은 타인의 실수에 생각할 시간이 없다. 관심 있는 것은 승리이다. 우리는 "우리의 죽은 자아(실패)를 밟고 높은 곳으로 올라서며" 실수는 그런 시간이 지난 후에 성공을 만들었다고 인식된다. 실수하지 않은 사람은 어떤 것이든 이룩할 수 없다. 현명한 사람이 고수하는 유일한 점은 같은 실수를 두 번 하지 않는다는 것이다. 성공하는 사람은 첫 번째 실수에 좌절하지 않는다. 그는 그것을 인정하고 잊어버린다. 그것이 현명한 사람과 어리석은 사람 사이에 있는 한 가지 차이이다!

와트는 증기의 모든 가능성을 진정으로 예측했던 것 같다. 그가 이 시기(1769년 3월)에 친구 스몰 교수에게 보낸 편지에서, 그는 트레비식이 고압 증기를 기관차에 이용할 것을 예상한다.

저는 많은 경우에 피스톤에 가해지는 증기의 팽창하는 힘을 활용하려고 합니다. 아니면 그 힘 대신 무엇을 사용하든 현재 일반 연소 엔진에서 쓰이는 공기의 무게와 같은 방식으로 하려고 합니다. 콘덴서와 증기의 힘을 함께 사용하려고 합니다. 그리하여 이 엔진의 힘은 오직 공기로만 압축되는 엔진의 힘을 훨씬 뛰어넘을 것입니다. 증기의 팽창하는 힘은 공기의 무게보다 훨씬 크기 때문입니다. 다른 경우에, 즉 냉각수를 충분히 확보할 수 없을 때 저는 오직 증기의 힘으로만 엔진을 작동시키고, 작업을 마친 후에는 적절한 배출구를 통해 증기를 공기 중으로 배출시키기를 원합니다.

이 시기에는 특허가 쉽게 차단될 수 있었다. 와트는 그의 개량 크랭크 모션에서 그것을 경험했다. 따라서 매우 작은 시험용 엔진을 성공적으로 만든 뒤에 첫 번째 대형 엔진을 매우 비밀리에 만들기 시작했다. 엿보는 눈을 피하고자 로벅의 탄광 근처에 있는 별채가 선택되었다. 새로운 엔진의 부품은 글래스고에서 와트가 직접 조달했고, 카론에서 조달하기도 했다. 여기서도 유능한 기계공이 없다는 한 가지 오래된 문제가 대두하였다. 필요해 자리를 비우고 돌아왔을 때, 그들은 예상치 못한 일에 직면해 다음에 무엇을 해야 할지 고민했다. 엔진이 거의 완성되어 갈수록 와트가 썼던 "다가오는 운명에 대한 불안"이 그의 잠을 빼앗았다. 그의 두려움은 희망과 같았다. 그는 예상치 못한 경비 지출에 특별히 민감하고 낙담했다. 그러나 낙관적 동업자 로벅은 계속 희망을 품었고, 활력이 넘쳤으며, 종종 어두운 면을 보는 비관적 동업자를 그의 기질로 불러들였다. 그는 "꼭 해야 하기 전에는 일부러 어려움을 마주하려고 하지 마라"는 공리에 충실한 사람이었다. 스마일스는 와트가 로벅의 도움 없이는 결코 일을 진행할 수 없었을 것이라고 믿지만, 의심의 여지는 있을 수 있다. 그의 불안은 아마도 그 불안의 분출에서 필요한 배출구를 찾았을 것이고, 불굴의 정신을 있는 힘을 다해 남겼을 것이다. 높은 압력에서 작동하는 와트의 뇌는 안전밸브가 필요했다. 로벅 부인은 아내답게 헌신적인 부인이 했던 생각을 매우 적절하게 즐겼다. 그녀가 생각하기에 남편은 그 일을 진척하기에 필수 존재이며, 남편이 없다면 아무것도 성취되지 않을 것이었다. 스마일스는 아마도 로벅 부인이 로빈슨에게 이렇게 말했을 것으로 본다. "제이미(와트)는 이상한 사람이고, 만약 그 의사(그녀의 남편)가 없다면 와트의 발명은 실패할 거에요. 남편은 그것이 망하도록 놔두지 않을 게에요." 나는 어떤 사업 조직을 알고 있는데, 그 조직에 있는 동업자들의 사랑하는 부인들은 로벅 부인과 같은 생각으로 가득하다. 한때 그들에 따르면 유일한 책임은 이 훌륭한 네 명의 남편 중 세 명에게 있고, 신뢰를 주고받는 남편 누구도 사랑하는 부인이 동업자에게 하는 높은 칭송을 완전히 누리지 못하다고 느낄 이유가 없었다. 웃음이 일어나는 것은 너그럽게 자제되었다. 체스터라는 동업자의 심한 스트레스를 누그러뜨리고 그가 부인의 관심과 언제나 필요한 조언을 받게 하기 위해 회사 경비로 유럽으로 여행을 보내는 극적인 사례도 매우 효과적이었다. 체스터가 빠지면 회사에 손해가 될 것이라는 그 부인의 두려움은 비록 어려움을 겪긴 했지만 결국 해결되었다.

그 상황에 대한 로벅 부인의 견해는 적절히 고려되어야 한다. 로벅의 영향력과 희망, 용기는 이 시기의 지나치게 긴장하고 걱정하는 이 발명가에게 헤아릴 수 없는 가치가 있었다는 점은 의심의 여지가 없다. 와트는 두들기면 변하는 재료가 아니라, 그의 사명에 단단히 묶여 있는 존재였다. 그는 자기의 천재성에 복종해야만 했다.

1769년 9월 마침내 괴물 신형 엔진이 탄생해 시험을 앞두고 있었다. 제작에 약 6개월이 소요되었다. 성공에는 관심이 없었다. 와트는 그것을 "서투른 일"이라고 선언했다. 새로운 파이프 콘덴서는 잘 작동하지 않았고, 실린더는 거의 쓸모없고 서투르게 주조되었으며, 피스톤을 단단히 패킹하는 오래된 문제는 여전히 남아 있었다. 패킹에 많은 것들이 시도되었다. 코르크, 기름칠 한 넝마, 오래된 모자(아마도 그렇게 느껴짐), 종이, 말똥 등. 그러나 증기는 여전히 빠져나왔고, 심지어 철저히 점검한 후에도 그랬다. 두 번째 시도 또한 실패했다. 작은 장난감 모델과 실제 작업을 수용하는 거인 사이의 격차는 너무나 크다. 많은 낙관적 책상머리 발명가들이 그 바위를 만나 부서진다! 와트가 그 부류 중의 하나라면 그는 결코 성공할 수 없었을 것이다. 이것이 와트가 기계공이라는 우리의 주장이 온전하다는 것을 보이는 또 다른 증거이다. 기계공으로서의 와트는 발명가로서의 와트 못지않게 중요하다.

와트는 언제나 그의 발명의 완전성에 확신했다. 증기를 활용하는 진정한 과학적 방식을 발견했다는 그의 믿음을 아무것도 흔들 수 없었다. 그의 실패는 정확한 솜씨가 있는 기계공을 발견할 수 없다는 데에 있었다. 카론에는 그런 사람이 없었으며, 다른 곳에서도 알지 못했다.

이 시점에 와트가 친구 스몰 박사에게 보낸 편지가 흥미롭다. 그는 이렇게 썼다.

이 실망을 제가 얼마나 굴욕적으로 느끼는지 상상할 수 없을 것입니다. 어떤 이에게 줄 하나로 그의 가진 모든 것을 매달게 하는 것은 정말로 끔찍한 일입니다. 제가 그 손해를 모두 갚을 수 있는 여력이 된다면, 저는 실패를 그렇게 두려워해서는 안 된다고 생각합니다. 그러나 다른 사람이 제 계획으로 패배자가 된다는 생각은 견딜 수 없습니다. 저에게는 언제나 최악을 색칠하는 행복한 기질이 있습니다.

와트의 소심한 성격과 돈 문제에 대한 두려움은 이미 언급했다. 그는 스코틀랜드 소작농에게 있는 빚에 대한 공포 같은 것이 있었다. 그것뿐이다. 그것은 곤경에 처한 이웃을 도우려고 가난한 이웃이 빌려준 얼마 되지 않는 돈이 사실은 그 이웃이 편안하게 살기 위해 필요한 돈이라는 사실에서 비롯된다. 그 돈을 잃어버리는 것은 심각한 손실이고, 고마워하는 마음에 큰 상처를 낸다. 은행에 거액의 빚을 진 백만장자, 부유한 대부업자, 부유한 제조업자의 몰락은 사실 별로 중요하지 않다. 은행 빚을 못 갚았다고 감옥에 가는 것이 더 이상 없기 때문에 실제로 고통을 겪는 사람은 없다. 그러므로 "빚"은 크게 사업하는 사람에게 별 의미가 없다. 그들은 실패한다고 고통을 받지 않으며 다른 사람의 고통을 수반하지도 않는다.

 와트를 억누르는 돈에 대한 걱정은 결코 떠나지 않았으며, 여기에 더해진 빚에 대한 걱정은 그를 가장 고통스럽게 했다. 이 외에도 그가 말하길 그는 사기를 당했으며 "너무 많이 알아 불행한" 사람이었다. 현명한 사람이라고! 그런 사례에서 무지한 것은 정말로 행복하다. 우리는 사기의 전모를 알지 않는 한 사기당했다는 것에 거의 만족해야 한다.

 이 같은 위기의 순간에 또 다른 구름, 그것도 검은 구름이 왔다. 낙관적이고 진취적이고 친절한 로벅이 재정적 어려움에 처했다. 그의 탄광이 물 때문에 큰 어려움을 겪었고, 기존의 기계로는 고인 물을 퍼낼 수 없었다. 그는 새로운 엔진이 익사하는 탄광을 제때에 구할 만큼 성공적이고 강력하기를 바랐지만 이 희망은 실패로 끝나고 말았다. 그의 곤란한 상황은 너무 커 합의에 따라 지불할 엔진 특허 비용을 낼 수도 없었다. 와트는 한 번도 실망시키지 않았던 친구 블랙 교수에게 돈을 빌려야 했다. 고마운 기억이 오래 기억될 것이다. 와트는 친구들을 사로잡을 만큼 유쾌한 자질이 있었고, 가장 훌륭하고 최고의 성격이 있는 사람들을 끌어들였다. 그들 중 한 명 이상은 기꺼이 했을지 모르지만 유명한 잠열 발견자를 제외하고 곤란한 시기에 그를 도울 능력과 의지가 있는 사람은 없었다. 우리가 와트를 생각할 때 한 손에는 블랙을 쥐고 다른 한 손에는 스몰을 쥐면서 그들에게 반복하는 그를 그린다.

> 내 영혼이 사랑하는 내 친구들을 기억하는 것만큼 나를 행복하게 하는 것은 없다.

특허는 건졌다. 매우 잘 된 일이었다. 그렇지만 와트는 이익을 내지 못하는 일에 너무 많은 시간을 써버렸다. 최소한 그것은 그가 감당할 수 있는 시간 이상이었다. 가족의 검소한 필요를 충당하려는 그의 의무가 절실해졌다. "나에게는 아내와 아이가 있습니다. 나는 그들을 부양할 안정된 방법 없이 회색으로 자란 나를 발견합니다"라고 그는 말했다. 그는 측량 일로 다시 돌아왔고 번창했다. 당시에 와트와 같은 인력은 거의 없었기 때문이다. 어느 시기에도 마찬가지일 것이다. 측량사, 엔지니어, 조언자 등 와트의 업무 경력을 두고 독자는 너무 자세히 고민할 필요가 없다. 그러나 스코틀랜드의 주요 운하 계획, 즉 철도의 날이 오기 전에 국내 상거래를 위한 운하의 날에 와트가 주요 운하 계획을 맡았다는 것은 기록되어야 한다. 와트는 모클랜드 운하를 위한 엔지니어로 활동했다. 와트가 이를 위한 엔지니어로 활동하는(1770~1772년) 동안 스몰 박사는 편지를 보내 그와 볼턴이 고압의 증기 엔진으로 운행하는 증기선에 관해 이야기하고 있다고 말했다. 1770년 9월 30일, 와트는 "그 목적을 위해 나선형 노를 고려한 적이 있습니까? 아니면 두 개의 바퀴는요?"라고 묻는다. 그것이 의미하는 바를 명확히 하자면, 그는 오늘날 쓰이는 네 개의 날개 달린 스크루 프로펠러에 관한 대략적인 스케치를 제시했던 것이다.

따라서 그의 개선된 엔진으로 작동하는 스크루 프로펠러에 관한 아이디어는 135년 전에 와트에 의해 제시되었다.

이것은 주목할 만한 편지이며, 여전히 주목할 만한 스케치이며, 이 우글거리는 두뇌가 만들었던 미래 발전에 관한 많은 예측에 또 다른 하나를 더한 것이다.

와트는 또한 클라이드를 조사해 심화 보고를 했다. 그의 제안은 그 일이 시작되고도 몇 년 동안 잠들어 있었고, 송어와 연어가 세상에서 가장 빠르고 가장 항해하기 쉬운 고속도로로 들어가는 오늘날에도 그 일은 끝나지 않았다. 올해는 1만 6000마력의 터빈 엔진을 장착한 괴물을 글래스고 근처에서 제작하는 더 많은 발전이 결정되었다. 와트는 또한 퍼스와 쿠파 앵거스 사이의 운하, 유명한 크리넌 운하, 서부 고지대의 다른 프로젝트들, 거대한 칼레도니아, 포스, 클라이드 운하에 대한 측량도 하였다.

퍼스 운하는 험준한 지역을 40마일에 걸쳐 관통할 정도로 길고, 그 시간은 40일이 걸린다. 와트의 수고비는 경비를 포함해 400달러였다. 가장 높은 종류의 노동조차도 당시에는 헐값이었다. 우리는 클라이드 운하에 다리를 놓는 계획을 세운 대가로 37달러를 받은 것을 본다. 와트는 글래스고 부두와 교각을 위한 계획과 에어에 새로운 항구를 건설할 계획을 세웠다. 그가 스코틀랜드에서 수행한 마지막이자 가장 중요한 엔지니어링 작업은 1773년 당시에는 길이 없던 지역이던 칼레도니아 지역에 건설될 칼레도니아 운하를 측량하는 일이었다. 그는 이렇게 썼다. "비가 끝도 없이 내려 3일 동안 흠뻑 젖었다. 나는 측량 노트를 제대로 보존할 수 없었다."

그가 이렇게 적을 정도의 돈을 모았다고만 말하자. "그 엔진이 원하는 대로 작동할 것이라고 가정한다면, 나는 내 빚을 모두 갚고 약간 남을 정도의 돈을 모았다. 이윽고 세상에 당당히 설 수 있기를 희망한다."

이제 우리는 사람에게 불명예를 안기는 한 가지 슬픈 사실을 알려야만 한다. 와트의 부인은 와트가 집에 없을 때 아이를 낳다 죽었다. 그는 칼레도니아 운하를 측량하던 중에 연락을 받았다. 도착하자마자 그는 한동안 문 앞에서 마비 상태에 빠져 엉망이 된 집 안으로 들어갈 힘조차 없었다. 마침내 문이 열리고 닫히며 그 장면에 대한 우리의 눈도 닫힌다. 여기서는 어떤 말도 변명만 될 뿐이다. 남은 것은 침묵이다.

와트는 남자처럼 행동하려고 했으나, 그의 망가진 집이

그를 바꾸지 않았더라면 그는 남자보다 못한 존재가 되었을 것이다. 정신 평형의 회복은 당분간 그의 능력 밖이 되었다. 그는 "그 이상 할 수 있는 사람은 없는" 남자가 할 수 있는 모든 것을 할 수 있었다. 그의 인생이 빛이 사라졌다.

5장
볼턴과의 동업

와트가 평상의 상태로 돌아온 후 그의 마음을 사로잡은 것은 로벅의 불행이었다. 이제 로벅의 사업은 채권자의 손에 달렸다. 와트는 말했다. "내 마음은 몹시 아프다. 그렇지만 나는 아무것도 도울 수 없다. 사실 그에게 충격을 받아 내가 상했다." 로벅의 일은 와트가 가지고 있거나 빌릴 수 있는 돈으로도 감당할 수 없는 큰 금액이었다. 특허를 보호하기 위해 로벅의 명의로 된 계좌에 돈을 낸 수천 파운드도 여전히 블랙에게 빚진 상태였다. 그러나 이것은 나중에 와트가 번창하게 되었을 때 이자까지 포함해 갚게 된다.

정말 유감스럽게도 로벅과는 작별을 해야 했다. 그는 와트가 원했던 성격의 동업자로 동업하는 내내 사이가 매우 좋았다. 그런 그가 특허에서 그의 지분을 포기해야 하는 것은 정말 큰 슬픔이었고, 우리가 앞으로 보게 되듯이 이것은 그를 파산에서 구해 충분히 능력 있게 만들었다. 그는 분명 와트가 엔진을 개발하던 시기에 없어서는 안 될 존재이자 그의 진정한 친구로 자리해야 한다.

새벽이 오기 전이 가장 어두운 시간이듯이 여기서도 그랬다. 로벅이 사라지자 최고로 밝은 희망의 별이 나타났다. 버밍엄의 유명인사 매슈 볼턴이었다. 그는 와트에게 세상에서 그와 같은 사람이 없을 정도의 최고의 동업자이자, 그와 친구가 된 것이 행운인 사람이기에 독자에게 그에 대해 한두 마디 하지 않을 수 없다. 물론 와트에게는 친구가 많았다. 그는 그 자신이 헌신적인 친구였기 때문에 그럴 만한 가치가 있는 사람의 마음을 확실히 얻었다. "친구를 만들길 원하면 하나만 만들어라"는 확실한 조리법이다.

볼턴은 분명 알맞은 곳에서 온 알맞은 사람이었다. 버밍엄은 기계 산업의 본부였다. 1776년 이때 버밍엄에는 마침내 런던으로 통하는 훌륭한 길이 생겼다. 1747년 후반에는 런던까지 "길 상태만 좋으면" 이틀 만에 갈 수 있다는 마차 광고가 있었다.

와트에게 가장 필요했던 숙련된 기계공을 어디서든 구해야 한다면, 그것은 기계 기술의 중심지였던 이곳이었다. 특별히 훌륭한 부모를 둔 볼턴의 유명한 작업실이 그곳으로, 거기서 와트의 작업은 더 넓어지고 탁월해져야 했다.

볼턴은 아버지의 사업을 잇기 위해 학교를 일찍 떠났다. 그가 고작 17세일 때 그는 몇몇 개량된 단추와 시곗줄, 다양한 장신구를 만들었고, 무늬를 새긴 버클을 발명해 대박을 터트렸다. 그 옛날에는 그 물품들을 대량으로 프랑스로 수출해 다시 영국으로 가져와 팔았다고 한다. 이유는 프랑스 기술과 취향으로 가장 먼저 만들었기 때문이다. 여기서 볼 수 있는 것처럼 인간의 본성을 엿보는 것이 유익하다. 유행은 잠시나마 품질을 매우 무관심하게 만든다. 중요한 것은 이름이다.

아버지가 죽고 난 후 볼턴이 사업을 물려받았다. 그가 제품의 품질을 개선하고 특별히 그 예술적 수준을 높이려는 끝없는 노력 덕분에 그에 대한 신뢰가 높았지만, 이미 버밍엄 싸구려를 가리키는 "브러마젬"이라는 말이 생길 정도로 그 수준은 낮았다. 그는 최고의 장인을 골랐을 뿐만 아니라 최고의 예술가도 고용했다. 플랙스맨이 그 예술가 중 한 사람으로 생산되는 예술적 장식품을 디자인했다. 이에 자연스러운 결과가 뒤따랐다. 볼턴의 작업은 큰 명성을 얻었다. 새로운 넓은 공장이 필요했고, 버밍엄 서쪽에 자리한 유명한 소호 작업이 1762년에 일어났다. 볼턴이 그 사업을 하게 한 정신은 런던에서 소호에 있는 그의 동업자에게 보낸 편지에서 드러난다. "버밍엄에 대한 편견은 허세를 가장 덜 느끼는 제품에서 그 모든 결함을 가장 눈에 띄게 하기 때문에 당연하다고 할 수 있다." 미국인 독자들은 대량 생산으로 가능해진 1달러 짜리 시계에 익숙하다. 그것이 모든 흔히 쓰이는 물건은 "최고의 기계의 도움을 받아 대량으로 제작된다면" 훨씬 품질 좋고 값싸게 만들 수 있으며 "이것은 시계 제작에 성공적으로 활용될 수 있다"는 볼턴의 주된 아이디어에 기초한 것을 알고서 흥미를 느낄 것이다. 그는 즉각 기계를 설치해 이 새로운 사업을 시작했다. 왕과 왕비도 그를 따뜻하게 받아들여 후원자가 되었다. 소호 작업은 금세 유명해져 나라의 유명한 볼거리가 되었다. 귀족, 철학자, 시인, 작가, 상인이 그곳을 방문해 볼턴의 환대를 받았다.

그에게는 수백 파운드의 수업료를 낼 테니 신사 계급의 견습생을 받아 달라는 부탁이 수없이 들어왔으나 단호히 거절했다. 그는 노동자로 키울 수 있는 소년들을 고용하기를 선호했다. 그는 한 신사 계급 지원자에게 이렇게 답을 했다. "나는 아버지 없는 소년들, 교구 견습생들, 병원 소년들과 같은 계급의 견습생을 받으려고 집을 짓고 꾸몄습니다. 신사 계급의 자녀들은 아마도 그러한 교우관계에서 자신을 발견할 수 없을 것입니다."

볼턴이 학교를 일찍 그만뒀기 때문에 교양 없는 남자로 자랐다고 추측해서는 안 된다. 그와 반대로, 그는 공부에 많은 시간을 투자해 자신을 꾸준히 교육시켰다. 그래서 잘생긴 외모, 훌륭한 과시, 신사 계급으로 태어난 사람들이 하는 매너, 그리고 그 계급의 평균을 훨씬 뛰어넘는 지식을 갖추어 그런 지위에 있는 부인을 얻는 데 거의 어려움을 겪지 않았다. 처가에서는 오직 하나의 반대만 있을 뿐이었다. 사위 될 사람이 "사업에 종사한다는 것이었다." 요즘은 그런 반대가 존재하지 않는다. 영국의 높은 지위에 있는 상속자들은 미국인들과 결합한다. 요즘은 신부의 아버지가 반드시 사업에 종사해야 하는 것으로 조건이 바뀐 것 같으며, 그 무게감이 커졌고 어떤 목적도 있는 것 같다.

볼턴은 대부분의 부산한 남자처럼 새로운 아이디어에 시간을 투자했고 그에 대해 열린 마음이었다. 이 무렵 증기 엔진만큼 그의 마음을 사로잡은 것은 없다. 수력이 부족한 것은 소호의 심각한 문제였다. 그는 한 친구에게 편지를 썼다. "공장 마력을 어마어마하게 쓰기에(그것 또한 불규칙적이었고 때로 실패하기까지 했다) 화력으로 공장을 돌리는 것을 생각하고 있네. 나는 그 주제에 관해 실험을 수없이 했지만 매번 실패했네."

볼턴은 1766년 2월 런던에서 이에 대해 프랭클린에게 편지를 써 그가 만든 모델을 보낸다. 한 달 뒤 프랭클린은 "미 대륙과 관련된 일로 걱정하고 바쁜" 관계로 일이 지연되고 있다는 사과의 답장이 왔다.*

빛의 조련사인 프랭클린과 증기의 조련사인 와트는 영어를 쓰는 종족에서 하나는 새로운 부류이고 다른 하나는 오래된 부류로, 인간의 힘을 늘리고 진보의 마차를 앞으로

---

* 런던에 있는 사람들이 프랭클린의 말을 듣고 미국에 있는 영국 신민들에 대해 영국이 자유를 줄 것을 호소했을 때 그 조언을 듣기만 했더라면! 영국에서 식민지에 대한 견해가 얼마나 완전히 바뀌었는지 우리 시대에 읽는 것이 신선하다. 이제 그 결합을 연장하는 가장 확실한 길은 "독립 국가로서 그들이 선택하는 대로 제국에 머물거나 자유롭게 떠나거나 하는 것"으로 선언된다. 이것이 진정한 정치다. 자유로운 상태에서는 사슬이 장식이 되고, 크게 자라지 않는 이상 그걸 멘 사람의 피부를 벗기기를 멈춘다. 식민지가 성숙하면 본국과 통합해 하나의 정부를 만들거나 자유로운 독립 국가가 되어 그들이 살고 필요하면 죽을 수도 있는 그들만의 땅을 주어야만 한다.

밀기 위해 협력하고 있었다. 이들은 조각가와 화가라고 하기에 적합하다!

증기 엔진이 얼마나 더 전기의 시녀가 되어야 하는지는 말할 수 없다. 전기의 미래 정복에 한계를 두는 것은 불가능해 보이기 때문이다. 아마도 오늘날에는 꿈꾸지 못한 기적을 수행할 운명인 듯하다. 아마도 라듐이라는 이상하고도 기괴한 신비한 부족의 가장 어린 요정과 연관되어 생각지도 못한 방식으로 수행할 듯하다. 최신 발견의 기초로 추정되는 우라늄은 라듐이 가지는 열의 100만분의 1만 가지고 있다. 천천히 움직이는 지구는 축을 돌리기 위해 24시간이 걸린다. 라듐은 우리가 그 이름을 말하는 시간에 같은 거리를 돈다. 1과 4분의 1초, 그리고 2만 5000마일을 횡단한다. 장난꾸러기 요정은 "지구를 40분 만에 일주할 것"이라고 약속했다. 라듐은 요정의 들판을 1600번이나 돌 것이다. 이렇게 진실은 오늘날 진화하고 있기 때문에 허구의 상상 이상으로 낯설게 된다. 우리의 세기는 발견과 진보의 문턱에 있으며, 증기와 전기에서 나온 발견과 진보만큼 혁명적이며 어쩌면 더한 것 같다. "'나 여기 있네'라고 말하게 빛을 보낼 수 있어?" 이것은 사람의 입을 다물게 한다. 이것은 분명 지난 세기까지의 능력을 훨씬 뛰어넘는다. 이제 그 질문을 읽을 때 미소 짓는다. "모든 사물의 힘은 아직 물질에서 발견되지 않았다"라는 틴들의 예언은 증명되어야 하지 않을까?

프랭클린과 와트가 오늘날 살아 있다면, 우리는 그들이 쉬지 않고 이상한 것들을 생각했을 거라고 확신할 수 있다.

내가 아는 한 볼턴은 토머스 칼라일이 다소 친숙하게 붙였던 제목인 "산업의 거물들"이라는 이름을 붙일 자격이 된다. 그는 시대의 산업 분야에서 최고의 인물이었고, 그의 이전에는 칼라일의 관점에서 볼 때 거물을 만들거나 필요할 만큼 충분히 발전하지 못했다.

한편 와트의 동업자였던 로벅은 볼턴과 편지를 주고받는 사이였으므로 와트의 모델 엔진이 보인 성공적인 진전에 대해 알려 주기도 했다. 볼턴은 깊은 관심을 보였고, 와트가 소호를 방문해 주었으면 하는 의사를 표시하기도 했다. 와트는 그렇게 했다. 특허 일로 런던을 방문하고 돌아오는 길에 들렸다. 그러나 볼턴은 집에 없었다. 대신 볼턴의 친한 친구 스몰 박사가 그때 버밍엄에 살았는데 그가 와트를 맞아 주었다. 스몰 박사는 프랭클린이 볼턴에게 추천한 과학자이자 철학자였다. 와트는 그가 본 것에 깜짝 놀랐다. 거기서 그는 인생에서 부족해 그를 비참하게 만들었던 훈련되고 능숙한 기계공들을 처음으로 만났다. 공구와 작업자 모두 정밀도가 높았다. 후속 방문에서 그는 장래의 동업자인 거물을 만났고, 당연히 같은 마음이 서로 끌어당기듯 처음 보았을 때 서로에게 호감을 느꼈다. 우리는 어떤 낯선 사람을 만나고, 그 사람은 끝까지 낯선 사람으로 남는다. 우리는 또 다른 사람을 만나고, 헤어지기 전에 그 사람은 동지가 된다. 자석 같은 끌어당김이란 순식간에 온다. 그 두 사람도 그랬다. 일종의 동지애로 그들은 서로에게 친밀성을 느꼈다. 와트의 엔진은 철저히 논의되었고, 이 위대하고 현명하고 신중하고 실제적인 제조업자가 그 엔진의 성공을 예상한다는 사실에 기뻤다. 그 직후에 로빈슨 교수가 소호를 방문했다. 소호는 당시에 과학자들을 끌어들이는 자석과도 같았다. 볼턴은 그에게 자신이 제안했던 펌프 엔진에 관한 연구를 중단했다고 말했다. "저는 와트 씨와의 대화에서 배운 기회를 반드시 이용할 것이고, 이것은 그의 동의가 없다면 되지 않을 것입니다."

그 사람을 나타내고, 마침내 사업에 종사하는 다른 사람에 대한 영향력을 만드는 것은 여기에 표시된 것과 같은 섬세한 명예 의식이다. 분명한 실천과 현명한 협상이 중요한 것이 아니다. 공평하고 자유로운 거래가 더 큰 보상을 가져오지는 않는다. 오히려 최고의 거래는 서로에게 이익이 되는 거래이다. 볼턴과 와트는 친구였다. 그것으로 많은 것이 해결되었다. 그들은 사업 거래를 나중에 했다. 와트는 "12개의 독일 플루트"(물론 와트가 글래스고에서 만든)를 담은 소포를 각각 5실링에 보냈지만, 구리로 만든 압력솥 하나에는 1파운드 10실링을 청구했다. 볼턴의 직원들은 아마도 샘플을 보고 싶었을 것이다.

스몰 박사와 와트 사이에는 그 뒤 더 많은 편지 교환이 있었는데, 와트는 볼턴이 로벅과 함께 특허에서 동업자로 참여했으면 하는 바람을 계속해서 표했다. 자연히 이 진취적인 제조업자는 재정 곤란에 있는 로벅과 함께 참여하기를 꺼렸다. 그렇지만 로벅이 파산이 되고 그의 사업이 채권자의 손으로 넘어가자 태도가 바뀌었다. 따라서 와트는 그 일을 새롭게 하고 버밍엄으로 이사해 거기서 살기로 했다. 그렇게 하기를 요구받았기 때문이다. 그는 로벅의 딱한 형편에 마음이 아팠으나, 상황을 개선하기 위해 그가 할 수 있는 모든 것을 했다.

제가 그를 위해 할 수 있는 것이라고는 제 형편에서 필요한 삶의 평화를 부인하거나 제가 빚을 졌다는 것에 뻣

속까지 분개하는 것밖에 없습니다. 저는 동업 관계에서 아주 적은 지분만을 가져도 괜찮고, 그것으로 로벅에 대한 금전상의 의무로부터 자유로워지고 저를 망가뜨렸던 근심의 아주 작은 부분만이라도 보상이 된다면 만족합니다.

이렇게 와트는 1772년 8월 30일 그의 친구 스몰에게 편지했다. 스몰의 답신은 한 가지 주목하고 인정할 만한 어려움을 지적했다. "볼턴 씨와 나, 또는 어떤 정직한 사람일지라도 두 명의 특별한 친구로부터 시장 가격이 없는 것을 낮은 가치의 소모품으로 갈라 구매하기란 불가능합니다." 이것은 주식 교환 가치가 "잘 받아들여지지 않을" 듯하다는 반대의 표시이고, 투기 영역에서는 환상적이지만 진정한 사업 영역에서는 사람들이 오직 내재 가치나 창조하는 것에만 관심을 둔다는 점에서 놀랍지도 이상하지도 않다.

와트가 열렬히 원하는 결과는 예상치 못한 방식으로 이루어졌다. 로벅이 일반 사업 과정에서 볼턴에서 6천 달러의 빚을 졌다는 것이 발견되었다. 볼턴은 그 빚에 대한 대가로 와트의 특허에 대한 로벅의 지분을 인수하기로 했다. 채권자들은 그 특허의 이익이 무가치하다고 생각했으므로 기꺼이 받아들였다. 와트가 말했듯이 "하나의 나쁜 빚을 다른 빚으로 돌리는 것뿐이었다."

볼턴은 와트에게 그 문제에서 그의 변호사 역할을 해달라고 부탁했고, 와트는 그렇게 했다. 그는 볼턴에게 "그것은 이제 그림자입니다. 그저 이상일 뿐이며, 실현하는 데 시간과 돈이 들 것입니다"라고 편지했다. 이때가 1773년 4월 29일이었다. 별도의 콘덴서가 1765년에 발견되어 환호를 한 뒤 8년 간의 수많은 실패와 절망을 동반하는 끝없는 실험 끝에 적절하게도 꼭 필요한 것이었다. 이것은 증기 엔진을 개발하기 위한 올바르면서도 유일한 기초로 남았다. 그러나 극복하기 위해 와트의 독창적이고 기계적인 천재성을 필요로 하는 수많은 작은 장애들이 남아 있었다.

볼턴에 대한 로벅의 3분의 2 지분 이전은 볼턴과 와트의 유명한 회사 설립과 함께 진행되었다. 와트는 가능한 빨리 그의 일을 정리하였다. 그는 1년에 측량으로 1천 달러만 벌었고, 그 수입의 일부를 "나를 간신히 부양하고 당신을 방문할 때 필요한 적은 양의 돈만 남기고"(스몰에게 1773년 7월 25일에 보낸 편지) 형편이 곤란한 로벅에게 주었다. 와트가 사업을 위해 버밍엄을 방문하는 비용을 어쩔 수 없이 부담했다는 것은 참으로 처량한 일이다.

시험 엔진이 킨네일에서 소호로 선적되었고, 와트는 1774년 5월 버밍엄에 도착했다. 새로운 삶이 그 앞에 열렸지만 여전히 먹구름에 둘러싸여 있었다. 그러나 우리는 기회를 잡은 지친 발명가가 태양의 매혹적인 형상을 잡는 데 성공했다는 것을 믿음으로 기뻐할 것이다. 그가 젊었을 때 자주 불렀던 아름다운 찬송가의 구절을 그가 기억했다는 것으로 희망을 품도록 하자.

성도여 용기를 낼지어다.
검은 구름 두려울지라도
크신 은혜로 그 구름 부수고
그 은혜를 우리에게 내리리.

동업 관계는 복제가 아니라 반대가 요구되었다. 그것은 전혀 다른 성질의 연합이었다. 한 사람에게 동업자로 없어서는 안 되는 것으로 입증된 사람은 다른 사람에게는 전혀 쓸모없거나 심지어 해로울 수 있다. 그랜트 장군과 셔먼 장군은 매우 다른 참모장을 원했다. 나폴레옹의 성공 비결 중 하나는 부하를 자유롭게 임명할 수 있었다는 것으로, 그의 단점을 보충하거나 수정할 수 있는 자질이 있는 사람을 골랐다. 누구나 단점이 있기 때문이다. 모든 것을 스스로 관리할 줄 아는 만능 천재는 아직 나타나지 않았다. 천재성을 가진 사람만이 다른 사람의 천재성을 알아보고 그것을 자기 차에 묶어 "만능"에 가까이 다가갈 줄 안다. 이것은 다르지만 서로 협력하는 하나의 사례로, 복잡한 기계의 각 부품들이 적당한 곳에 맞추어 삐걱거리는 것 없이 주어진 임무를 수행하는 것과 같다.

볼턴과 와트보다 서로에게 "보충하는" 사람은 없었다. 이것이 그들의 성공 요인이었다. 한 사람은 다른 사람에게 부족한 자질을 완벽하게 소유하고 있었다. 스마일스는 그것을 완벽하게 요약했고 우리는 그를 인용해야만 한다.

그들의 성격이 대부분의 면에서 서로 달랐을지라도 볼턴은 즉시 그에게 좋다고 생각했다. 한 사람은 다른 사람이 원했던 자질을 완벽하게 드러냈다. 볼턴은 열렬하고 관대한 기질로 대담하고 진취적이며 어려움에 흔들리지 않는 거의 무한한 업무 능력을 지니고 있었다. 그는 훌륭한 전술, 분명한 인식, 온전한 판단력이 있었다. 더욱이 그는 인내라는 필수불가결한 자질도 있었다. 인내는 최고의 재능이 있는 사람들이 중요한 일을 실행하는 데 있어 거의 갖추지 않는 자질이다. 볼턴은 인내를 사랑했다. 그는 실제로 사업에서 천재였다. 그것은 시, 예술, 전쟁에서처럼 매우 드문 재능이다. 그의 조직력은 놀라웠다. 세부 사항에 대한 예리한 눈과 지성의 포괄적 이해를 겸비했다. 그의 감각은 예리해 소호의 사무실에 앉아 광대한 시설의 기계 장치에서 나는 사소한 불협화음이나 혼란도 감지할 수 있어 즉시 그것이 발생하는 곳으로 메시지를 보낼 수 있었으며, 그의 상상력은 유럽, 아시아, 동양에서 일어날 법한 행동을 광범위하게 살펴볼 수 있었다. 왜냐하면 사업에는 일상적인 면 뿐만 아니라 시적인 면도 있기 때문이다. 사업에 천재성이 있는 사람은 그 앞에 펼쳐질 수 있는 무한한 가능성을 탐구함으로써 일상의 단조로운 반복을 밝게 비춘다.

이것은 전체 이야기를 말하며, 다시 한번 우리에게 상상과 어떤 낭만적인 요소 없이는 어떤 영역에서도 위대하거나 가치 있는 일을 이룰 수 없다는 것을 상기시킨다. 그는 "사업을 마치 낭만인 것처럼 운영한다"라는 말을 듣곤 했다. 자기 직업에서 낭만의 요소를 발견하지 못하는 사람은 불쌍하다. 우리는 이 성격에서 와트가 볼턴과 얼마나 근본적으로 다른지를 안다. 사람을 알아보는 볼턴의 눈은 거의 틀림이 없었다. 그는 와트를 처음 만났을 때 알아보았다. 그는 첫 번째 면담에서 와트의 타고난 발명 천재성뿐만 아니라 지칠 줄 모르고, 진지하고, 꾸준히 일하고, 집요한 면이 있는 기계공이라는 것을 알아보았다. 또한 협상과 모든 사업 문제를 싫어하는 마음씨 좋고 겸손하며 진실한 사람, 노년에 필요한 검소한 부양 수단을 넘는 돈에 아무런 관심이 없으며, 오직 근심 없이 검소하게 먹고살 수 있다면 증기 엔진의 개발에 전념하는 것으로 행복을 느끼는 사람이라는 것을 알았다. 이렇게 새로운 회사가 좋은 조짐으로 출발했다. 스마일스는 계속해서 말한다.

볼턴은 사업가 이상의 사람이었다. 그는 교양 있는 사람으로 식자들의 친구였다. 소호에 있는 아늑한 저택은 예술, 문학, 과학에서 저명한 인물들의 휴양지였다. 그런 사람들에게 주었던 사랑과 칭찬은 그의 인격이 높았다는 가장 좋은 증거 중 하나이다. 그의 친구들과 동료 중에서 가장 친한 사람은 리처드 로벨 에지워스로, 그는 재력 있는 신사로 오랫동안 생각한 증기로 움직이는 육상 운송 차량의 설계에 열정적으로 헌신하였다. 뛰어난 실용 화학자이자 재치 있는 학습자였던 캡틴 키어, 숙련된 의사이자 화학자이자 기계공이었던 스몰 박사, 숙련된 산업의 새롭고 중요한 분야를 설립한 실용 철학자이자 제조업자였던 조사이어 웨지우드, 《스탠퍼드와 머튼》이라는 책을 쓴 독창적인 작가 토머스 데이, 시인 다윈 박사, 식물학자 위더링 박사, 그 외 나중에 소호 서클에 합류한 조지프 프리스틀리와 제임스 와트도 그들보다 부족하지 않다.

당면한 일은 킨네일에서 가져온 엔진을 재구축하는 것이었다. 전적으로 소호에서 구할 수 있는 좋은 솜씨 때문에 이전보다 시험 성과는 훨씬 좋게 나왔지만 여전히 8년 동안의 시험 기간 내내 괴롭혔던 문제는 반복되었다. 정확한 공구와 숙련된 엔지니어의 부족, 제철공의 기준과 수학 도구를 만들던 사람 사이의 정확도 차이가 원인이었다. 와트와 볼턴은, 발명은 과학적으로 정확하며 필요한 것은 오직 적절한 구축이라는 데 의견을 일치를 보았다. 오늘날 우리는 규모를 늘리면서도 정확하게 맞추는 것에서 극복할 수 없는 어떤 어려움을 보는 것이 쉽지 않지만, 와트의 세계와 그 이후로 우리가 발전한 것은 쉽게 잊는다.

와트는 1774년 11월 그리녁에서 아버지에게 편지를 썼다.

"제가 여기서 하는 사업은 성공적입니다. 제가 개발한 화력 엔진이 지금 작동 중인데 이제껏 만들어진 어떤 것보다 훨씬 좋아요." 이것은 스코틀랜드인이 보통 하는 말투이다. 〈햄릿〉의 배우 개릭을 보기 위해 에든버러에 있는 "극장"에 맘먹고 갔던 덤펌린 비평가가 낮고 극도로 절제된 목소리로 "나쁘지 않군"이라고 하는 것과 같다.

진실은 와트가 끊임없이 고안한 몇 가지 개선 사항과 결합한 적절한 제작 기술의 결과였으며, 엔진은 와트와 볼턴이 발명을 보호했던 특허에 대해 생각하는 것만큼 만족스러웠다. 특허 보호 기간의 14년 중 6년이 이미 지나갔다. 일반 사용을 보증하기 위해 몇 년은 여전히 필요할 것이며, 특허가 만료되기 전에 아무것도 거둘 수 없다는 두려움이 있었다. 시험 성공에 대한 이해가 더 커졌다. 광산의 물을 퍼내는 엔진에 대한 문의가 시작되었다. 뉴커먼 엔진은 광산이 더 깊어지면서 사용하기 부적합한 것으로 증명되었고, 그 결과 많이 버려졌다. 새로운 동력에 대한 필요가 와트 외에도 수많은 독창적인 사람들에게 주어졌으며, 그들 중 일부는 와트의 특허를 피하면서 와트의 원리를 차용하려고 노력했다. 캐론 아이언 웍스에서 시험 엔진을 만들 때 와트의 일꾼이었던 하틀리가 설계 도안을 훔쳐서 팔았다.

이 모든 것 때문에 와트와 볼턴은 방어적이 되었다. 볼턴은 개선된 기계로 증기 엔진을 대규모로 제작하는 새로운 공장 건설을 주저하게 된다. 특허 연장은 필수였고, 이것을 하기 위해 와트는 런던으로 가서 시간을 썼으며, 남는 시간에는 어렸을 때 일했던 수학 도구 가게에 들렀고, 그 외 볼턴에게서 받은 수많은 일을 처리하느라 바빴다. 두 번째 런던 방문은 경비를 받았고, 그 기간에 친한 친구 스몰 박사가 죽었다는 소식이 그에게 전해진다. 볼턴은 비탄의 괴로움에서 그에게 편지를 쓴다. "내 애정이 고착하는 것을 막는 몇 가지 다른 반대가 남아 있지 않다면 나 또한 고인들의 저택에 내 거처를 마련하기를 원했을 것입니다." 와트의 동정 어린 대답은 볼턴에게 그들의 떠난 친구가 품었던 감성을 상기시킨다. 소용없는 슬픔에 빠지는 대신에 그 슬픔의 가장 좋은 피난처는 임무의 수행에 더욱 공을 들이는 것이다. 와트는 편지한다. "오세요, 친애하는 선생님. 와서 가능한 빨리 이 사업의 바다에 흠뻑 빠지세요. 그의 계율에 순종하며 당신의 친구에게 적절한 존경을 표하세요. 당신을 기쁘게 하기 위한 제 인생의 노력은 부족하지 않습니다."

사업 뿐만 아니라 깊은 영혼에까지 들어가 삶의 모든 것을 이해하고 우리가 아는 죽음의 모든 것을 아는 아름다운 동업 관계이다.

1734년에 태어난 스몰 교수는 버지니아에 있는 윌리엄스버그 대학교에서 수학과 물리학을 가르치는 교수로 스코틀랜드인이었다. 토머스 제퍼슨이 그의 제자 중 한 명이었다. 그는 건강이 나빠져 옛집으로 돌아왔다. 프랭클린은 볼턴에게 스몰을 소개한다(1765년 5월 22일).

> 제 친구 스몰 박사를 귀하의 지인에게 소개해 주시기를 정중히 부탁드리며, 그를 정중히 추천하는 바입니다. 그것이 귀하에게 호의적이지 않을 것이라면 이렇게 자유롭지 않을 것입니다. 귀하를 알기에 귀하를 존경해야 하는 사람의 숫자를 더할 것이므로 저에게 감사해야 할 것입니다. 그는 천재 철학자이자 가장 가치 있고 정직한 사람입니다. 귀하를 마지막으로 뵈었던 기쁨 이후로 자력이나 전기 또는 자연 지식의 다른 분야에서 어떤 새로운 것이 귀하의 생산적인 천재성에 생각이 났다면, 귀하는 이 알림으로 저에게 크게 감사해야 할 것입니다.

이 사람은 와트의 인생에서 최고의 인격을 갖춘 사람 중 한 명일 것이다. 또한 영원한 기억을 보장하기 위해 약간의 것을 남겼는데, 그의 친구들이 그에게 보였던 특별한 찬사는 와트와 볼턴을 둘러싼 저명한 남성들 사이에서 높은 자리를 차지할 권리를 확증하였다. 볼턴은 "내 속에는 먼저 떠난 사랑하는 내 친구를 영원히 기억하고 싶은 마음밖에 없다. 나는 내 정원에서 가장 훌륭하지만 가장 알려지지 않은 곳에 기념비를 바로 세울 것이다. 그가 매장되는 교회에서 보인다"라고 썼다. 다윈 박사가 기념비에 새길 구절을 기증했다. 스몰이 병이 들었다는 소식을 듣고 데이는 브뤼셀에서 서둘러 돌아와 마지막 시간에 참석했다.

키어는 던디에 있는 형제 로버트 스몰 목사에게 그의 죽음을 알리면서 "그보다 인류의 존경을 더 누리거나 받을 가치가 있는 사람은 없기 때문에 그가 얼마나 보편적으로 애도를 받는지는 말할 나위도 없습니다. 가장 따뜻한 애정을 보이며 그를 사랑할 것이고 그에 대한 기억을 영원히 숭배할 것입니다"라고 썼다.

볼턴과의 동업 관계에 앞서 와트가 스몰 교수와 했던 방대한 편지는 당시 그가 친한 친구이자 조언자였던 것을 증명한다. 우리는 모든 문학에서 두 사람보다 더 가까운 결합을 거의 알지 못한다. 할람에 대한 테니슨의 수많은 기념 시구는 그들의 우정에 적절하게 적용될 수 있다. 와트는 스몰의 임종에 참석한 볼턴과 다른 사람들처럼 슬픔에 무너지지 않았다. 아마도 마음을 아프게 하는 편지를 받았기 때문에 그의 동업자를 위로할 필요가 있다는 인상을 받았기 때문일 것이다. 볼턴은 바로 앞에서 스몰의 죽음을 보았고, 죽음이 주는 직접적인 타격을 견뎌야 했다. 와트는 그의 사랑하는 친구에게 나중에 찬사를 보냈다.

미래의 운영은 필연적으로 특허 연장에 달려 있었다. 볼턴은 물론 작업을 진행할 수 없었다. 와트와 볼턴 사이에는 특허의 공동 소유를 넘어서는 합의가 이루어지지 않았다. 이 당시 글래스고 대학교 시절 와트의 가장 친한 친구였던 로빈슨 교수는 러시아 크론시타트 해군학교 소속의 수학 교수였다. 그는 와트를 위해 연 5천 달러의 자리를 확보했고, 그것은 가난한 발명가에게 큰돈이었다. 이것은 와트가 볼턴에게 의존하는 것을 덜어줄 것이고 미래에 풍족하게 될 것을 의미했지만, 그는 "볼턴의 호의는 너무나 품위 있게 주어져 그에게 의존한다는 느낌이 들지 않는다"라고 주장하며 그 제안을 사양했다. 진실로 우리는 볼턴을 성인으로 공표해야 한다. 그는 최초의 "산업의 거물"이었을 뿐만 아니라 다른 모든 사람이 따라야 할 모범이기도 했다.

특허 기간을 연장하자는 법안이 1775년 2월 의회에 제출되었다. 이에 대한 반대가 곧바로 제기되었다. 광산이 깊어지고 이에 따르는 물을 퍼내는 비용이 참을 수 없이 많아지자 광업에서 이익이 심각한 문제에 처했다. 그들은 와트의 엔진 특허권이 풀려 자신들을 구제해 주기를 원했다. "독점 금지"가 그들의 외침이었고, 그것은 에드먼드 버크가 브리스틀 주위에 있는 그의 광산 지역구의 민의를 대변했기 때문에 강력한 지지를 받았다.*

우리는 특허 연장 허가의 타당성에 관한 논의를 이어갈 필요가 없다. 결국 특허 기간이 24년으로 인정되었다고 말하는 것으로 충분하다. 그리고 마침내 길은 분명해졌다. 영국은 대규모로 생산하도록 특별하게 설계된 훌륭한 작업과 새로운 도구를 처음으로 갖게 되었다.

볼턴은 6천 달러의 빚을 면제해 주는 것에 더해 특허의

---

* 스몰 박사의 죽음을 두고 볼턴이 했던 말이 있고 난 바로 뒤에 버크와 브리스틀을 언급하는 것은 버크의 유명한 연설 중의 하나를 생각나게 하는데, 그것은 그런 상황에서 비교할 수 없는 것이었다. 국회의원 선거에서 그와 경합을 벌였던 후보자가 유세 중에 죽었다. 버크는 그 슬픈 사건 바로 뒤에 사람들에게 했던 연설에서 이렇게 시작했다. "우리는 얼마나 덧없는 존재인가, 우리는 얼마나 헛된 것을 쫓는가."

첫 이익에서 얻은 5천 달러를 로벅에게 주기로 결정했다. 그는 로벅의 파산 관재인이 급하게 요구한 1천 달러를 갚을 수 있을 것으로 예상했다. 엔진 주문이 쏟아져 들어왔기 때문에 신속하게 수익을 내서 갚을 수 있을 것이라는 믿음으로 그렇게 했다. 새로운 기계 뿐만 아니라 숙련된 기계공도 속속 들어왔다.

  이제 유명한 윌킨슨이 무대에 등장한다. 그는 철제 선박을 최초로 건조한 사람이며, 그의 당대에 주도적인 주철 제조업자이며, 일주일에 3달러를 받고 단조 작업으로 시작했던 초기 유형의 원조 산업 거물이었다. 그는 지름 18인치의 실린더를 주조했고, 그 실린더의 속을 정확히 도려내는 기계를 발명해 와트의 주된 난제 중 하나를 해결했다. 이 실린더는 주석으로 안을 댄 성공적인 킨네일 엔진의 실린더를 대체했다. 엔진의 결과가 전에 만족스러웠기에 이 새로운 실린더는 엔진을 크게 향상시켰다. 이렇게 윌킨슨은 철제 선박의 선구자였고, 또한 소호에서 제작한 첫 번째 엔진을 주문한 선구자였다. 그는 진정으로 진취적인 사람이었다. 엔진이 성공적으로 시작하려면 완벽해야 했기 때문에 와트는 고통이 막심했다. 뉴커먼 엔진에 수많은 불신이 있어 주문을 철회하거나 그 엔진을 설치하기를 꺼렸고, 그 결과 와트의 엔진이라는 놀라움을 예견하는 성능을 모두 손꼽아 기다렸다. 완성이 가까웠을 때 와트는 엔진의 힘을 시험해 보고 싶어 참을 수 없었지만, 차분한 볼턴은 성공적인 작동을 방해하는 모든 가능한 장애물을 완전히 제거하기 전에는 절대로 가동해서는 안 된다고 주장했다. 그는 덧붙였다. "그럼 하느님의 이름으로 최선을 다합시다." 훌륭한 전투 명령이다! 이것은 그 지역 말로 "당신이 옳다고 확신하고 계속하세요"라는 뜻이다. 와트를 그 명령을 따라 행동했고, 시험을 하는 날이 되자 엔진은 "모두의 찬사를 받을 정도로" 작동했다. 이 소식은 신속하게 퍼져나갔다. 엔진에 대한 문의와 주문이 뒤따르기 시작했다. 이전 엔진 제조업자의 30개의 엔진 중에서 오직 18개만 작동했다는 기사를 읽는 것은 놀랍지 않다. 다른 것은 모두 실패했다. 볼턴은 와트에게 편지했다.

윌킨슨에게 12개의 실린더를 주조하고 깎아 달라고 해주세요. … 저는 연간 12개에서 15개의 왕복 엔진과 50개의 회전식 엔진을 제작하기로 마음을 굳혔습니다. 우리가 소호에서 제작하는 모든 장난감과 장신구 중에 증기 펌프 외에 어느 것도 제 관심을 대신할 수 없습니다.

거물은 분명 준비되어 있었다. 1년에 65대의 엔진이 제작되었다. 당시에는 많은 양이었고, 이와 같은 양은 전에 듣지 못한 것이었다. 오늘날 필라델피아에 있는 한 공장에서는 1년에 2000대의 엔진이 제작된다. 그러나 그걸 자랑하지는 말자. 지금으로부터 159년 전의 일은 서로 대조해 보이기는 너무 크다. 작은 나라처럼 작은 공장의 과거이다. 한도를 두기 어려울 정도로 규모가 커지는 것이 오늘날의 질서이다.

이 시점까지 모든 것이 순조로웠다. 볼턴과 와트 위로 오랫동안 위협적으로 맴돌았던 먹구름이 화창한 하늘에 의해 다시 한번 사라졌다. 그러나 새로운 기계나 새로운 제조업은 아무런 사고나 지연, 예상치 못한 어려움 없이 시작되지 않는다. 이 자신감 넘치는 동업자들이 대비하지 못한 시도와 실망이 오랜 기간 반드시 있기 마련이다. 이전처럼 주된 문제는 숙련공의 부족에 있었다. 비록 소호에 본래부터 있던 사람들은 눈부시게 효율적이었지만 엔진의 주문이 늘자 새로운 인력이 어쩔 수 없이 많이 필요하게 되었는데 그 인력의 솜씨가 안타깝게도 나빴다. 이때까지는 선반이나 평삭기, 절삭기, 그 외 오늘날처럼 정확성을 담보하는 다른 도구들이 많지 않았다는 것을 기억해야 한다. 모든 것은 기계공의 손과 눈에 의존해야 했다. 그들을 기계공으로

부를 수 있다면 말이다. 대부분의 새로운 인력이 비전문가였고 술에 절어 있었다. 전문화는 각 개인에게 의존해야 했고 연습이 완벽을 만드는 방식이었다. 이 시스템은 성공을 거두었으나 새로운 인력의 훈련은 시간이 걸렸다. 그러면서 일은 진행되었고, 진행되는 사이 일의 수준은 표준화되지 않았으며, 이것은 문제를 끝없이 일으켰다. 하나의 매우 중요한 엔진이 런던으로 가는 "보우"라는 이름의 엔진으로 9월에 선적되었다. 그 설치를 감독하기 위해 최고의 전문가 조지프 해리슨을 보냈다. 와트는 말로 지시를 내리지 않았다. 가능한 모든 돌발상황을 처리하기 위해 상세 사항을 기록한 문서를 주어 보냈다. 엔진이 만족스럽게 작동하지 않았기 때문에 그들은 편지로 끝없이 대화했고, 마침내 와트가 손수 11월에 런던으로 가서 결함을 고치는 데 성공했다. 해리슨은 너무 불안한 나머지 아무것도 하지 못했고, 볼턴은 당시 유명한 의사인 포디스 박사에게 "얼마가 들어도 괜찮으니" 해리슨을 잘 돌봐 달라고 편지했다. 와트는 해리슨이 런던을 떠나면 안 된다는 편지를 볼턴에게 보냈다. "엔진의 문제가 재발하면 우리의 명성은 이곳과 다른 곳에서 무너질 것입니다." 그러나 보우 엔진은 재발했다. 그때 가장 위대한 엔지니어였던 스미턴이 볼턴의 런던 대리인에게 그 새로운 엔진을 볼 수 있게 해달라고 부탁했다. 그는 주의 깊게 엔진을 검사했고 "매우 훌륭한 엔진"이라고 평했지만, 실제로 쓰기에는 너무 복잡한 기계 장치라고 생각했다. 와트는 당시의 기계적 요구사항에서 앞섰기에 이 의견에 분명 할 말이 많았다. 따라서 복잡한 엔진 제작에 따르는 어려운 문제들과 성공적인 작동을 위해 절대적으로 필요한 정확한 업무를 세밀하게 수행할 수 있는 인력을 찾는 일은 정말 심각했다.

스미턴은 떠나기 전에 그 엔지니어에게 돈을 선물로 주었고, 그 엔지니어는 그 돈을 술 마시는 데 써버렸다. 술 취한 그 엔지니어는 엔진을 거칠게 다루었고, 그 결과 엔진이 완전히 고장 나 버렸다. 가장 신중하게 다루어야 할 복잡한 기계의 부분이던 밸브가 파손되었다. 그는 해고되었고, 엔진을 수리하자 마침내 만족스럽게 작동하였다. 와트의 생애에서 우리는 종종 술 취한 것을 시대의 저주로 목격한다. 우리 시대는 그 저주에서 자유롭다는 것을 알고서 우리는 만족한다. 우리는 이 악의 완치에서 확실히 진보했다. 특별히 술에 취해 무절제할 것으로 예상할 수 없는 미국에서 우리의 노동자들은 이제 대체로 하나의 진지한 계급으로 여겨진다.

우리는 볼턴의 "수학 도구 제작자의" 솜씨 표준이 가능했던 재구축된 킨네일 엔진의 차이를 본다. 왜냐하면 "그런 일을 할 수 있는 몇 명의 훈련된 사람이 고용되었기 때문이다." 킨네일 엔진은 부분적으로 복잡하게 제작되어 정확하게 재구축되었으므로 예상했던 일을 했고 그 이상도 했다. 보우 엔진과 그 이후의 어떤 엔진들은 "대장장이의" 표준 마무리만 할 수 있는 평범한 노동자들에 의해 제작되어 무한한 문제의 근원이었음을 증명하였다.

와트에게는 그의 관심을 사로잡았던 이런 종류의 사례가 여럿 있었는데 모두 한 뿌리로 거슬러 올라갈 수 있고, 그것은 그의 복잡한(당시에는 매우 복잡한) 증기 엔진이 요구하는 숙련되고 진지한 노동자와 정밀 도구가 없었다는 것이다. 진실은 어떤 의미에서 와트의 엔진은 그의 시대를 거슬러 태어났다는 것이다. 우리 수준의 기계 제작공과 몇 가지 새로운 도구가 먼저 나왔어야 했다. 그랬더라면 그 발명의 과학은 완전하고 그 제작은 쉬웠을 것이다. 동업자들은 이런 필요한 추가 사항을 만들기 위해 올바른 방향과 방법으로 계속 일했고 마침내 성공했지만, 성공은 또 다른 골칫거리를 유발했다. 스킬라를 피해서 카리브디스를 만났다.* 그들의 중요한 일꾼들의 명성이 그렇게 높았기 때문에 그들은 일찍부터 구애를 받아 그 자리를 떠날 것을 유혹받았다. 우리가 방금 말했던 보우 엔진을 고치기 위해 런던으로 보낸 두 명의 훈련된 엔지니어도 러시아에서 일할 것을 강하게 설득받았다. 와트는 1777년 5월 3일 볼턴에게 카리스와 웨브가 어쩌면 6년 동안 5천 달러를 받고 해외에서 일할 것을 제안받았을 것이라는 중대한 비밀을 방금 들었다고 편지한다. 그들은 카리스가 "비록 술주정뱅이에 비교적 쓸모없는 일꾼이긴 하지만" 그에게 즉시 소호로 돌아가라고 명령을 내렸고, 무단이탈을 권유하는 사람을 체포할 영장까지 확보했다(이 당시의 이상한 법이다!). 적절한 도구 없이 기존의 가장 높은 표준을 뛰어넘는 복잡한 새로운 엔진을 만들어야 했던 와트의 임무를 생각해 보라! 그는 카리스처럼 술주정뱅이에 쓸모없는 일꾼일지라도 기꺼이 지키고 함께 일하기를 바랐다.

프랑스 비밀 요원들은 그 일꾼 중 일부에게 뇌물을 주어

---

* 스킬라와 카리브디스는 호메로스의 〈오디세이아〉에 나오는 괴물이다. 이 표현은 우리말로는 "여우를 피해서 호랑이를 만났다"쯤에 해당한다. – 역주

그들이 파리로 가 센 강에서 물을 퍼 올리기로 한 계약자에게 와트의 계획을 전달하는 것을 시도하기 위해 나타났다. 독일 국가들도 비슷한 목적으로 특사를 보냈고, 슈타인 남작은 와트 엔진의 비밀을 익히고 작업 계획을 세우며 건설 가능한 노동자를 데려오기 위해 특별 명령을 받았다. 그 첫 번째 단계는 노동자에게 뇌물을 주어 엔진실에 접근하는 길을 얻는 것이었다. 이 모든 것은 스마일스가 매우 적극적으로 말하는 것으로, 우리는 그가 사실을 인용했다고 가정해야 한다. 아무튼 다른 국가들이 현존하는 상황에 대변혁을 가져올 것을 약속하는 한 매개체의 출현에 예민하게 주목했던 것은 분명했다.

우리가 본 것처럼 그의 경력의 가장 중요한 부분(1773년)에서 와트는 러시아 제국에서 당시로는 매우 후한 연봉인 5천 달러를 받고 일하는 것이 어떻냐는 제안을 받아들일까 하는 유혹을 받았다. 볼턴은 그에게 편지를 썼다. "당신이 러시아로 가는 것이 나를 비틀거리게 한다. … 나는 나와는 상관없이 당신에게 최선의 조언을 하고 싶다. 그렇지만 나는 당신이 떠나는 것을 매우 유감스럽게 여겨야만 하는 나 자신을 아주 사랑한다. 그리고 그 대사 앞에서 당신이 만든 트럼펫을 불었던 나를 후회하기 시작할 것이다."

러시아 황실은 그때 소호에서 이루어지는 일에 크게 관심이 있었다. 황후는 볼턴의 집에 얼마 동안 머물렀고, 집주인은 "황후가 매우 매력 있는 여성"이라고 기록한다. 여기서 우리는 황실의 활동과 다른 나라에서 벌어지는 것 중에서 자기 나라에 이식하기를 가장 원하는 것에 현명하게 주목하는 것을 본다. 황제는 그의 아내 못지않게 해외를 여행하는 동안 계속 주의를 기울였던 것이 분명하다. 영국의 현재 왕과 그의 조카인 독일 황제가 그런 일을 알지 못할 것은 아니지만, 우리가 두려워하는 황실의 진보는 그런 실용적인 목적에 좀처럼 바쳐지지 않았다. 이 황제 차르 니콜라스의 후계자가 대공일 때 소호에서 일어나는 일을 알아보기를 거부당한 것은 이상한 우연이다. 그것은 그가 개인적으로 반대해서 그런 것이 아니라, 그의 수행원 중 어떤 사람들이 발견된 어떤 새로운 공정을 이용하려 하지 않았기 때문일 수도 있다. 이때에는 이렇게 질투에 의해 개선이 보호되었다.

와트를 괴롭혔던 걱정거리의 또 다른 근원도 여기에 있다. 자연히 먼 곳으로 가서 완성된 엔진을 설치하고 동료 직원을 관리하는 것을 맡길 수 있도록 발전된 직원은 소수였다. 여기에는 많은 자질을 결합하는 것이 필요했다. 설치

담당 관리자는 복잡성에서 와트의 엔진을 훨씬 뛰어넘는 가장 복잡하고 가장 섬세한 기계 장치라고도 할 수 있는 엔지니어들의 관리자여야 했다. 그런 희귀한 사람이 두각을 나타내고 그의 지휘 아래 엔진이 성능을 증명하면 그 거인은 유명해지고, 지금까지 비생산적이었던 작업에 투입하는 자본에 대한 수익이 확보된다면 현명한 주인은 그 엔지니어가 회사를 떠나는 것을 쉽게 동의하지 않을 것이다. 그는 그 노동자가 꿈꿀 수 있는 것 이상의 월급을 기꺼이 제시할 것이다. 그 노동자는 자신이 타는 말을 알아 친절하게 이끄는 기수와 같다. 그 엔지니어는 가게에서 그의 지휘 아래 엔진이 자라는 것을 보았고, 그래서 완전하게 설치했던 그 엔진을 사랑했다.

〈맥앤드류의 증기의 노래〉는 엔진에 대한 그 엔지니어의 헌신의 이야기를 말하는데, 그 노래는 오늘날 키플링만이 부를 수 있다. 그 보석에는 맥도날드 가문의 스코틀랜드 혈통이 필요했다. 키플링은 다행히도 어머니로부터 그것을 순수하게 얻었다. 맥앤드류는 어머니의 마음이 어지러울 때 그의 강한 엔진을 토닥이며 집으로 향하면서 그의 이야기를 노래한다.

그건 나에게 비스카운트 녀석, 그러니까 케네스 경의
친척을 떠올리게 한다. 그 녀석!
러시아 가죽으로 만든 테니스 신발을 신은
상갑판에 있는 일등석 승객 주위를
지난주에 돌아다녔다.
마침내 그가 말했다.
앤드류 씨. 이 증기선이 바다에서의 낭만을 망친다고
생각하지 않으시나요?
이런 망할! 나는 그 크랭크축을 망치는 것을 보고서
슬펐다. 내 뒤에서 둥글게, 크랭크는 내 코에서 3인치
떨어져 있었다.
낭만! 일등석 승객들은 낭만을 매우 좋아한다.
그것은 작은 책에 인쇄되어 있다. 그런데 왜 시인들은
말하지 않는가?
나는 그들의 기벽에 질렸다. 그들은 사랑을 꿈꾼다.
신이여, 로버트 번스와 같은 시인을 보내
증기의 노래를 부르게 하소서.
스코틀랜드의 가장 고귀한 시인이
웅장한 오케스트라와 어울리도록.
무엇 때문에 높이 들린 정의의 신과 같이 피스톤은

제때 오르는가.

크랭크축은 더블 베이스처럼 울리고,

피드 펌프는 흐느끼고 들어 올린다.

이제 그 주된 기괴한 것들이 다발로 묶여

서로 싸움을 시작한다.

엔진의 시간, 그 정해진 시간, 두 개의 축이

서로 겹치며 흔들린다.

그 소리가 들리는가?

눈부시게 빛나며 세차게 도는 피스톤들.

그것들은 경외다! 진정한 박자, 완전한 힘, 합창이다.

축로를 따라 쭉 앉아 있구나.

그르렁거리는 내 발전기들이여.

완전한 의존, 예견된, 예정된, 명령된,

일하도록 되어 있다. 배가 어떤 경사로든,

어떤 속도로든 나가는 것을 볼 것이다.

하늘빛에서 벽난로까지, 뒤에서 밀고, 체질하고,

껴안고, 머문다. 그리고 샛별처럼 그것들이 만들어진

기쁨을 노래한다.

그러나 자만심에 젖어 있을 때 땀을 흘리는

축받이가 말한다.

"우리나 인간을 칭송하지 마라, 칭송하지 마라!"
이제 그들의 교훈에 귀를 기울여라.
그들의 교훈과 나의 교훈.
"법, 질서, 의무, 절제, 순종, 훈련!"
으깨고, 버리고, 시험해
그것들이 언제 으르렁거릴지 가르쳤다.
그리고 작동해 그것들에 영혼을 불어넣는 것은
아닌가 생각하면서.
오, 민첩한 망치질로 엔진을 용접하는 사람이
일등석 승객에게 그 의미를 설명할 수 있을 때까지.
그러나 일하고 이해하는 나를 제외하고
아무도 관심을 두지 않는다.
나의 7천 마력의 힘이 여기 있다. 오, 신이여!
그것들은 훌륭합니다. 훌륭합니다!
나는 행복한가? 가게에 그 새로운 야수가
서 있을 때 그대는 모든 것이 좋았더라고 선언했던
말씀을 나지막이 말하며 낙담했던가?
그렇지 않다! 세상을 높이는 기쁨은 타락 후에도
요동칠 수 없으며
창조자인 인간을 즐겁게 하는 어렴풋한 빛은

여전히 남는다!
그것은 부딪침과 침전과 벗겨짐과
마모와 허비와 동력의 부족에도 굳건하며
그 빛에 의하여 - 이제 내 말을 들으라 - 우리는
완벽한 배를 건조할 것이다.
나는 결코 배의 직선과 곡선을 판단하지 않을 것이다.
절대로!! 그러나 나는 살아 일해 왔다.
지존하신 그분께 감사드린다!

  이렇게 와트 시대의 맥앤드류 사람들은 엔진에서 떨어지기를 싫어했고, 이런 느낌은 진정한 엔지니어의 피에 흘렀다. 다른 한편으로, 엔진을 제작하는 사람에게는 그런 사람들이 시장에 공급되는 숫자 이상으로 필요했다. 그들은 사주(社主)만큼 그것을 깊이 신경 쓰지 않았지만, 엔진을 책임지고 자신의 명성을 유지할 정도로 유능하다는 것을 증명해 보였다. 계속해서 이어지는 문제는 아직 충분히 형성되지 않은 관리할 줄 아는 엔지니어가 부족하다는 점에서 생겼지만, 이미 서서히 열매를 맺는 교육 과정을 통해 그들이 일어나는 것은 확실했다.
  한편 와트는 현재 상황을 해결하기 위해 엔진을 단순화

하기로 결심한다. 이는 엔진의 복잡성에 대한 스미턴의 예리한 비판을 기초로 한 발자국 물러선 것이다. 우리는 팽창하는 증기의 작용이 와트의 초기 발명 중 하나라는 것을 보았다. 새로운 엔진 중 일부는 이 계획을 기초로 만들어졌으며, 기계의 가장 까다로운 부분을 채택하는 것을 포함했다. 이것은 궁극적으로 이 작업을 수행하는 것이 당시의 획득 가능한 엔지니어의 능력을 넘어서는 것으로 결정되었다.

이것은 팽창을 포기했다는 것으로 이해해서는 안 된다. 그와 반대로, 그것은 나중 단계에서 더 개선된 형태로 다시 도입되었다. 그의 시대부터 이것은 당시의 조건에서 그가 시도할 수 있었던 것을 훨씬 넘게 확장되었다. 켈빈이 말하듯이 "우리 시대의 서너 배의 팽창 엔진은 모두 와트가 그의 시대에 완전하게 개발한 원리에 기초하고 있다."

6장
버밍엄으로 이주

와트가 버밍엄으로 영구 이주 하는 것은 불가피해 보였으며, 그곳에서 그의 모든 시간을 보낼 필요가 있었다. 지금까지 그에게 짐이었던 그의 두 아들을 돌보는 것을 포함한 고향에서의 문제들이 그를 무겁게 눌렀고, 일흔다섯 살이 넘지 않았어도 치매에 걸려 고생하는 아버지를 찾아 다니는 일로 크게 우울했다. 와트는 혼자였고, 그리녁을 방문하는 동안 마음이 정말 편치 않았다.

버밍엄으로 돌아오기 전, 그는 글래스고 사업가의 딸 맥그리거와 결혼한다. 그녀의 아버지는 영국에서 최초로 표백제로 염소(鹽素)를 사용했던 사람으로, 그 표백제의 비밀을 발명한 베르톨레는 와트와 교류가 있었다.

결혼이 임박하자 와트는 지금까지 합의된 볼턴과의 동업 관계를 이행하는 것이 바람직하다는 조언을 받았다. 그는 볼턴에게 편지를 썼고, 동업자 간의 합의 사항을 다음과 같은 문구로 명시해 보냈다.

계약과 관련해 귀하가 제 편지를 잘못 이해했을 수도 있으므로, 저는 조건과 관련해 제가 기억하는 것을 그저 언급하려고만 합니다.

1. 귀하에게 발명 재산의 3분의 2를 배정합니다.
2. 귀하는 1775년 6월(계약 시행일) 이전에 발생한 계약 비용이나 다른 모든 비용, 그리고 귀하의 이익이 없는 채 매몰될 미래의 실험 비용을 귀하의 지분을 고려해 지불해야 합니다.
3. 귀하는 이자를 부담하는 주식 매입을 먼저 해야 하며, 그렇지만 저의 허가 없이는 그것에 대해 어떤 주장도 할 수 없습니다. 주식 자체가 당신의 안전과 재산입니다.
4. 저는 근로자의 임금과 재화를 지급한 후에 사업에

서 발생한 이익의 3분의 1을 즉시 인출합니다. 그러나 결산하기 전에 공제되어야 하는 이익은 예외로 주식 거래에서 인출합니다.

5. 저는 도면을 만들고, 지시를 내리고, 측량을 합니다. 회사는 엔진 사업을 할 때 우리에게 여행 경비를 지급합니다.

6. 귀하는 장부를 보관하고 1년에 한 번씩 결산을 해야 합니다.

7. 양측이 서명할 때 계약의 효력을 가지도록 기록할 가치가 있는 거래를 표시할 책을 보관해야 합니다.

8. 우리 중 누구도 각자의 지분을 타인에게 양도할 수 없으며, 사망 또는 다른 이유로 우리 중 어느 한 사람이 우리를 위해 행동하지 못하게 되면 우리 중 다른 사람은 상속인, 유언 집행자, 수탁자 또는 다른 사람의 간섭이나 반대 없이 유일한 관리자가 됩니다. 그러나 장부는 그들의 검사 대상이 되며, 우리의 집행 파트너는 그 외의 문제에 대해 합리적인 위임을 받을 수 있도록 허용되어야 합니다.

9. 1775년 6월 1일부터 25년 동안 계약은 계속 유효하며, 그 이후의 날짜에 계약이 체결될지라도 동업

관계는 시작됩니다.
10. 우리의 상속자, 유언 집행자 및 수탁자는 이 계약을 준수해야 합니다.
11. 양 당사자, 상속인 등이 사망할 경우 계약은 동일한 방식으로 승계되며, 그들 모두가 원한다면 계약은 종료될 수 있습니다.

이 조건에서 매우 불만스러운 점이 있다면, 귀하는 제가 귀하를 만족시키기 위해 할 수 있는 모든 합리적인 것을 할 의향이 있다는 것을 알고서 기뻐할 것입니다.

이에 대한 볼턴의 대답은 완전히 만족스러운 것이었으며, 이에 기초해 그 합의는 완결되었다.

와트는 평소 사업에 대한 자신감이 부족했기 때문에 볼턴이 글래스고에 있는 그에게로 와서 결혼과 관련한 모든 금전 문제를 정리해 주기를 몹시도 바랐다. 와트는 부인을 마주해 마음을 사로잡는 데 성공했지만, 장인을 마주해야 한다는 생각에 몸이 떨렸다. 그래서 그는 동업자에게 다음과 같이 호소한다.

저는 귀하와 같은 사람들이 핵심 부분으로 간주하는 돈 문제에서 아주 나쁜 거래를 하게 될까 몹시 불안합니다. 그리고 제가 비록 사랑에 빠진 청년이라 할지라도 전적으로 경멸하지는 않습니다. 귀하는 아마도 제가 여기 제 친구들 사이에 있으면서도 귀하에게 도움을 청하는 것이 이상하다고 여기실지 모릅니다. 하지만 저는 사실 여러 가지 이유에서 그런 경우에 필요한 친구로 여기 있는 그 누구도 믿을 수 없습니다. 그리고 그들 중에는 제가 품고 있는 의문보다 더 많은 의문으로 그 신사와 이야기할 수 있는 사람이 없습니다. 게다가 귀하는 제 상황과 관련해 그에게 만족스러운 정보를 줄 수 있는 유일한 사람입니다.

볼턴은 그 결혼을 온전히 찬성했지만, 그 제안은 실행 불가능하다고 설명했다. 동업 관계와 볼턴의 편지는 신중한 장인에게 그의 딸의 미래가 안전하다는 만족스러운 증거로 받아들여졌다. 볼턴은 1776년 7월에 이렇게 편지한다.

저와의 동업 관계에서 귀하의 재산 가치가 무엇인지 말하기 어려울 수 있습니다. 그러나 저는 그 가치에 이름을 붙일 것이며, 귀하의 배정에 2천 파운드나 어쩌면 3천 파운드도 기꺼이 드릴 수 있습니다. 그리고 저는 귀하가 나쁜 거래를 하려 하거나 제게서 귀하의 우정, 친분, 도움을 빼앗아갈 성향이 있는 어떤 거래든 하려 한다면 매우 유감스럽게 생각할 것입니다. 저는 유일한 소유자가 되어 나봇의 재산을 차지하기보다 화목하게 살면서 25년을 보낼 것을 희망합니다.*

이는 동업자를 행복하게 만들고, 받아들인 사람의 마음에 자리를 옮긴 사람을 위해 최선을 다하겠다고 결심한 표현이다. 먼저 친구가 되고 그다음에 동업자가 된다.

결혼은 1776년 7월에 했다. 두 명의 아이를 낳았지만 둘 다 어릴 적에 죽었다. 와트 부인은 노인이 될 때까지 살았고 남편의 성공과 명성의 결실을 누렸다. 부인은 1832년에 사망했다. 아라고는 그녀를 "다양한 재능, 건전한 판단, 그리고 마음의 힘이 있는 가치 있는 동반자였다"라고 칭송했다.

우리 중 다수가 와트 부인과 동시대의 사람이 아니고, 와

---

* 구약성경 열왕기상 21장에 나오는, 아합 왕이 나봇이라는 이름의 농부가 갖고 있던 포도원을 빼앗은 것에 빗대어 표현한 말이다. – 역주

트는 지금으로부터 86년 전인 1819년까지 살았기 때문에 와트와 동시대의 사람이 살아 있는 경우는 드물며, 따라서 과거의 많은 것들은 세계의 물질적 발전과 진보이고, 그것들은 증기 엔진을 기초로 시작해 성취되었다는 것을 깨닫기가 힘들다.

볼턴이 글래스고로 가서 친구이자 동업자의 역할을 할 수 없다고 설명한 이유는 소호에서의 사업이 어떤 상황이었는지를 분명하게 보여 주기도 한다. 와트처럼 볼턴의 런던 대리인도 결혼해 자리를 비울 것이었다. 포더길이 런던으로 가야 했다. 관리자 중 한 명이었던 스캐일은 자리에 없었다. 중요한 방문자들이 계속해서 찾아왔다. 볼턴을 이렇게 말했다.

증기 누출로 구리 바닥이 우리를 매우 괴롭히고, 따라서 저는 (도수관이 있는) 하나의 주물을 안전하게 해야 합니다. 엔진은 10피트 이상의 증기를 담지 못하므로 그 양을 줄이기를 희망합니다. 우리는 새로운 피스톤을 방금 받았기 때문에 그것을 내일 넣어 작동시킬 것입니다. 우리의 소호 엔진이 지금처럼 좋은 상태인 적은 없었습니다. 블룸필드와 윌리 (엔진) 모두 좋은 상태지만, 보우 엔진은 그 어느 것보다 낫지 않을까 싶습니다.

그는 이렇게 끝맺는다. "저는 어젯밤 잠을 자지 못했습니다. 온통 증기 생각뿐이었습니다." "물 속에 구리로 만든 구를 넣어" 전열면(傳熱面)을 높이는 수단을 하자는 생각이 마음을 휩쓸고 지나갔고, 증기를 팽창시키는 현재의 연통 시스템은 "완전한 원리임이 분명하다"라는 생각이 들었다.

볼턴의 걱정거리는 늘었다. 그는 다음 주 법무장관 앞으로 출두하라는 소환장을 받았다. 자신이 최초의 발명가라고 주장하는 개인스버러라는 목사의 주장을 반박하라는 것이었다. "이것은 아주 불리한 상황이고, 특별히 당신이 자리에 없는 이번 기간에는 더욱 그렇습니다. 해리슨은 런던에 있고, 우리 엔진 가게는 게으르게 돌아갑니다."

와트는 1776년 7월 28일 볼턴에게 편지를 쓰면서 오래 자리를 비워 미안하다고 사과했고, 돌아갈 준비가 되었으며 볼턴을 만날 것으로 예상하는 "화요일에 먼저" 리버풀에서 시작할 것이라고 말했다. 그러는 사이 볼턴은 개인스버러 일로 런던으로 불리어 갔다. 그러나 리버풀에 도착한 와트에게 볼턴으로부터 편지가 왔다. "자리를 비운 것에 대해서는 아무 말도 하지 마십시오. 다시는 결혼하지 않을 거라고 약속한다면 이번만은 용서할 것입니다."

와트 부부는 1776년 8월 버밍엄에 도착했고, 그로부터 그곳은 그들의 영원한 집이 되었다. 그렇지만 우리가 보게 되듯이 그는 그리녁의 고향 마을 및 글래스고 친구들과 긴밀한 관계를 유지하는 것을 결코 멈추지 않았다. 그의 가슴은 여전히 타탄*으로 따뜻해졌으며 부드럽고 넓은 스코틀랜드 억양을 버리지 않았다. 우리가 확신할 수 있듯이 자제심이 그의 마음을 결코 떠나지 않았다.

> 불명예로 우리의 이름에 오점을 만들고
> 우리의 집의 불씨를 꺼뜨려라.
> 나와 내 집이 당신의 이름을 잊는다면
> 폐하의 사랑하는 땅을.

유명한 스코틀랜드 사람들이 최근에 남쪽에서 스코틀랜드에 이름을 돌렸다. 스티븐슨, 러스킨, 칼라일, 밀, 글래드스턴 등이다. 그들의 업적만큼 세상을 바꾸었던 적은 이전

---

* 타탄(tartan): 스코틀랜드를 상징하는 격자무늬 직물을 말한다. - 역주

이나 이후로도 없었다.

마침내 와트는 1800년 동업 관계가 만료되어 은퇴할 때까지 자신의 희귀한 능력을 온전히 바쳤던 위대한 작품들과 나란히 자리하며 영구히 정착했다. 소호에서의 그의 일은 곧 시작되었다. 작품은 재료, 제작 기술, 발명으로 그때까지 알려진 모든 것을 뛰어넘은 명성을 얻었다.

콘월의 광산은 쓸모없게 될 것이었다. 실제로 많은 광산이 이미 그렇게 되었다. 뉴커먼 엔진은 깊숙이 파 들어간 탄광에 고인 물을 더 이상 퍼낼 수 없었다. 와트 엔진에 대한 몇몇 주문이 접수되었고, 그 첫 번째 엔진의 성공에 대한 관심이 더욱 높아짐에 따라 와트가 직접 엔진의 설치를 감독하기로 결심한다. 와트 부부는 콘월 광산으로 향하는 끔찍한 길을 출발해 광산 감독자와 함께 그들이 거주할 곳을 마련해야 했다. 당연히 뉴커먼 엔진의 설치자와 운영자는 와트가 자기 구역을 침범하는 것을 적대적인 감정으로 지켜보았다. 질투가 크게 일었고, 와트의 섬세한 성격은 심하게 시련을 받았다. 그를 좌절시키려는 많은 시도를 만났고, 그것을 모두 받아들이자 콘월에서의 삶은 결코 평탄하지 않았다.

엔진은 설치되었고 시험 가동의 날이 왔다. 광부, 엔지니어, 광산주, 그 외 다른 사람들이 그 시작을 보려고 사방에서 몰려왔다. 다른 엔진에 관심이 있던 구경꾼들은 시험 가동이 실패했을 때 눈물을 흘리지 않을 것이다. 그러나 엔진은 분당 11번 8피트를 움직일 정도로 훌륭하게 작동했다. 기록이 깨졌다. 그 스코틀랜드 엔지니어를 향해 세 번의 환호가 쏟아졌다. 엔진은 곧 더 세고 더 안정적으로 작동했고, 보통의 엔진보다 오직 3분의 1 정도의 석탄을 쓰고도 더 많은 물을 "퍼냈다." 와트는 편지했다.

저는 모든 서구 국가의 거물들이 내일 이곳으로 와 이 경이로운 것을 볼 것으로 이해합니다. 엔진의 속도, 파괴력, 크기, 끔찍한 소음은 모든 관찰자에게 그가 신자이든 그렇지 않든 간에 보편적인 만족을 줍니다. 저는 움직임을 부드럽게 끝내고 소음을 줄이기 위해 엔진을 한두 번 다듬었지만, 윌슨 씨는 엔진이 큰 소리로 작동하지 않고서는 잠을 이루지 못해, 저는 그에게 엔진을 맡겼습니다. 그 소음은 엔진 속에 있는 겸손한 장점을 더 많이 취하지 못하는 무지한 사람들에게 엔진의 힘이 가진 위대한 생각을 전달하는 듯합니다.

잘 말했다. 거대한 동력을 가진 겸손하고 과묵한 철학자가 여러분의 큰 머리 속에 들어가 갇힌 그곳에서 소음을 내지 않고 일한다. 그는 깊이 들어가 자연의 비밀 한복판으로 간다. 그리고 가장 깊은 광산에서 물을 퍼내며 발견하고, 표면으로 그 천재성을 가지고 온다. 그 천재성은 증기 속에 놓여 당신의 지시를 이행하며 지구 상에 있는 삶을 혁명적으로 바꾼다! 이 첫 번째 승리는 와트와 그의 아내가 콘월에서 견딘 모든 시도에 대한 보상이었다.

독자들은 엔진을 설치하기 위해 신뢰할 수 있는 작업자가 아직 계발되지 않았다는 것을 보았을 것이다. 장인 발명가는 모든 결함을 확실히 고치고 성공을 보장하기 위해 천재 기계공으로서 직접 해야만 했다. 이것은 와트가 얼마나 없어서는 안 되는 존재였는지를 보여 준다.

이제 주문이 쏟아져 들어왔다. 계획을 세우고 도면을 준비하려면 와트가 필요했다. 아무도 이것에서 그를 대신할 수 없었다. 오늘 우리는 도면을 그리는 일을 일상 업무로 할 수 있는 수천 명의 인력이 있기에 와트의 엔진이 작동하도록 설치할 수 있는 수천 명의 인력도 있다. 모든 곳에서 와트를 찾았고, 와트는 빠지지 않고 갔다. 마침내 그는 "이 서두름과 짜증 나는 일이 조금만 더 더해지면 나를 완전히 무너뜨릴 것"이라고 고백해야 했다. 이때 그는 두 번째 엔진을 설치하기 위해 콘월로 돌아오라는 부름을 방금 받았다. 그는 "내가 조각조각 잘리어 이스라엘에 있는 모든 지파에 보내지기를 상상한다"라고 말했다.* 우리는 폴스타프 같은 분위기로 읊으면서 그를 묘사할 수 있다. "내 이름이 현 상황에서는 적(깊은 광산의 물)에게 무시무시하지 않을까? 익사한 광산은 그 머리를 밖으로 내 엿볼 수 없지만 나는 거기로 밀고 들어갈 수 있다. 그렇다, 그렇다, 훌륭한 것을 너무 평범하게 만드는 것이 언제나 내 동포들의 속임수였지. 이 영원한 움직임으로 아무것도 윤을 내지 못할 바에는 차라리 녹슬어 죽는 것이 낫지."

와트는 콘월로 다시 돌아가야 했다. 그는 두 번째로 머문 그곳에서 힘든 시기를 보낸다. 그는 레드루스에 도착해 많은 문제를 발견한다.

> 포브스 배기관은 아주 형편없으며 배출구가 너무 많다. 체이스워터를 위해 주조한 실린더는 거의 작동하지

---

* 구약성경 사사기 19장에 기록된 사건을 빗대어 표현한 말이다. – 역주

않을 것이기 때문에 더욱 나쁘다. 소호 사람들은 휠유니온 대신에 체이스워터 배기관을 보냈고, 축두(軸頭) 배기관은 노즐과 함께 도착하지 않았다. 이러한 반복된 실망은 우리의 신용을 망칠 것이다. 나는 약속의 실패와 같은 수치를 감내하면서 여기에 있을 수는 없다.

오늘날의 산업의 거물들은 어떤 일이든 맡아 성공적으로 해낼 사람을 확실히 고를 수 있는 능력을 뽐내며 와트는 그런 꼭 필요한 자질이 부족하다고 가정하기 쉽다. 그러나 그는 자기 외에는 아무도 믿지 못했던, 그와 협력해 일할 필요가 있었던 숙련된 일꾼이 아직 계발되지 못했던 시기의 안타까운 경험에 시달렸다.

우리는 당시 그의 또 다른 걱정거리를 다루지 않았다. 진취적인 볼턴은 낙관적인 기질과 쏟아지는 문제를 해결할 줄 아는 능력을 타고나지 않았더라면 조직을 운영하는 사람이 되지 못했을 것이다. 사업은 여러 분야로 급속히 확장되었고, 그에 따라 자금이 항상 필요했다. 유망한 엔진 사업도 예외는 아니었다. 판매로 거두어들이는 돈은 거의 없었고, 그 발명을 발전시키기 위해 돈을 많이 써야 했다. 볼턴은 와트에게 끊임없이 편지를 써 현금을 수금해야 한다고 주장했지만, 광산 소유주들은 추가 시험이 이루어질 때까지 돈을 내려고 하지 않았다. 볼턴은 엔진을 담보로 트루로의 은행가들에게 대출을 받기를 제안했지만 와트는 이게 불가능하다고 보았다. 엔진은 지금 깜짝 놀랄 정도로 잘 작동한다. 그렇지만 엔진이 계속해서 그 품질을 유지할 것이라고 누가 확신할 것인가? 와트는 유명한 주물사였던 윌킨슨과 동업 관계를 맺어야 한다는 훌륭한 판단을 내린다. 그는 진취적인 동업자에게 가지치기 칼을 적용해 경비를 잘라야 한다고 주장하며 순진하게 "할 수 있는 모든 절약을 하고 있다"고 확신시킨다. 당시 와트의 개인 경비가 주당 고작 10달러에 불과했기에 신중한 스코틀랜드인이 경비 절감에 하는 기여를 보고 웃음이 올라온다. 그는 맞게 행동했고, 최소한 볼턴에게 본보기의 이익을 주었다. 와트는 결코 사물의 밝은 쪽을 바라보려는 경향이 있었던 것이 아니었고, 볼턴이 지고 있는 짐에 세 번째 동업자인 포더길의 짐을 더했는데, 포더길은 와트보다 더 낙담하고 있었다. 볼턴이 돈을 모으려고 나갔을 때 포더길은 그에게 편지해 날마다 긴급하게 필요하다는 말을 했다. 한 편지에서 그는 이렇게 의견을 표했다. "채권자들을 모두 불러 모아야 합니다. 이렇게 망가지면서 간당간당하게 연명하느니 최악의 경우를 대면하는 것이 낫습니다." 볼턴은 포더길을 잠재우고 배를 계속 띄우기 위해 급히 돌아오려고 했다. 여기서 그가 눈부시게 빛난다. 그는 위기에 효과적으로 대응했다. 그의 용기와 결단력은 극복해야 하는 어려움과 비례해 솟아났다. 와트의 응축 엔진의 가치에 변함없는 희망과 흔들리지 않는 믿음을 가졌기에 그럴 수 있었다. 그는 마침내 약속한 대로 7만 달러의 담보 대출을 받았고, 엔진 특허에서 나오는 사용료와 3만 5000달러 이상의 대출을 출자 전환하는 승리를 거두었다. 그렇게 10만 5000달러의 적은 금액은 보석을 가득 싫은 그 큰 배를 계속 띄울 수 있을 정도가 되었다.

볼턴과 와트가 이렇게 곤경에 처해 있을 때 영국은 큰 불황의 시기였다. 그리고 그런 시대에 신용은 극도로 민감한 것이 된다. 손해를 보지 않고 조금이라도 이익을 낸다면 놀라움의 대상이 된다. 이것은 이 책을 쓰는 내가 회사를 경영하던 한 시기를 떠올리게 한다. 시장에 공포가 있는 동안 볼턴에 끌어왔던 금액과 동일한 7만 달러는 사업의 중대한 시기에 등장하고 전개되는 여유 자금으로, 그것이 만드는 신용도는 매우 크다. 신용이 요동치던 시기에 모든 1달러는 정상 시의 100배의 가중치를 만들어 낸다. 뉴욕에 있는 한 손꼽히는 신경 전문가가 말하길, 그가 치료해야 했던 가장 심각한 환자는 신용이 정지되어 병에 걸렸던 사람이라고 했다. 그의 확실한 치료법은 이랬다. "당신의 채권자를 모두 불러 상황을 낱낱이 설명하고 그들의 도움을 구하세요. 그러고 나서야 저는 당신에게 이로운 뭔가를 할 수 있지, 그러기 전에는 할 수 없습니다." 그의 말대로 했던 환자들은 원기를 회복했다. 그들은 채권자들의 지원을 받았고, 모두가 다시 한번 밝아졌다. 그 현명한 의사의 조언은 완전했다. 만약 그 회사가 투기를 하거나 도박을 하지(같은 말이다) 않았다면, 방탕하게 살지 않았다면, 남을 위해 보증을 서지 않았다면, 사업은 건전한 기초 위에 있고 사업을 지속하는 데 크게 위태하지 않으며, 그건 채권자의 입장에서도 마찬가지다. 그들은 둘러 앉아 어느 때보다 회사에 대해 더 많이 생각할 것이다. 왜냐하면 그들의 돈 뒤에 있는 최고의 담보를 볼 것이기 때문이다. 배의 키를 잡고, 폭풍우를 두려워하지 않고 그것에 어떻게 맞서야 할지를 아는 사람들이 바로 그것이다.

볼턴의 소심한 동업자들은 좀 더 분명한 시각이 있더라면 분명히 보였을 위험에 그가 그렇게 무지했던 것에 깜짝 놀랐다. 하지만 그들은 착각했다. 그들 중 누구도 볼턴이 보았던 위험의 절반도 생생하게 보지 못했다고 확신할 수 있다. 그렇지만 동료에게 그가 보거나 두려워하는 것을 모두 드러내는 것이 리더의 역할은 아니다. 리더의 역할은 위험을 꾸준히 바라보고 그에 대처하는 것이다. 그를 따르는 사람들이 자신보다 더 많은 비율로 위험을 경멸하도록 부추기는 것이 위대한 리더이다. 이것을 볼턴이 했다. 그의 성격에는 해결하거나 아니면 죽겠다는 불굴의 의지가 있었다. 그는 죽음의 위험 앞에 자기 목숨을 걸었고, 그 대가를 치를 각오가 되어 있었다. 맥베스가 그의 단호한 동료에게 했던 것처럼 볼턴의 소심한 동료가 종종 그에게 "그렇지만 만약 우리가 실패하면"이라고 말했을 때, 맥베스의 단호한 동료가 했던 것처럼 그도 동일한 대답을 했다.* "실패하면 하는 거지." 그게 전부였다. "한 번 넘어진다고 이 싸움을 끝내진 않을 것이다. 우리는 다시 일어날 것이고, 결코 두려워하지 않을 것이다. 우리는 실패라는 단어를 모른다."**

---

* 셰익스피어의 〈맥베스〉에서 맥베스는 부인과 함께 던컨 왕을 죽이고 왕위를 차지하려고 한다. 이 살인 역모에서 맥베스 부인은 맥베스보다 더 단호하다. 이것을 빗대어 표현한 말이다. - 역주

** 아마도 단 하나의 단음절에 주어진 단순한 억양에 엄청난 차이가 있다는 것을 깨닫는 예는 없을 것이다. 시돈스 부인이 진짜 맥베스 부인

그렇게 심각하게 문제를 겪었던 한 가지 이유는, 와트와 볼턴은 처음에 엔진을 소개하는 데 너무 신경을 쓰느라 계약 조건에 신경을 많이 쓰지 못했다는 것이다. 그들의 엔진이 성공임을 증명해 보였을 때, 그들은 절약되는 연료의 3분의 1 값만 받고서 엔진을 설치할 것을 제안했다. 광산주들은 이전의 엔진이 소비했던 연료 비용의 3분의 2를 절약하는 것에 더해 와트의 엔진이 없었더라면 폐기해야 할 광산을 운영할 수 있었기 때문에 이것은 관대한 제안이었다. 그러나 이 조건은 받아들여지지 않았고, 일련의 분쟁이 오래 일어났으며, 어떤 경우는 특허권 자체로 끝나기도 했다.

을 표현하기 전까지 모든 여배우들은 "우리가 실패한다고요?"라고 묻듯이 대답했고, 그런 뒤 "용기를 있는 힘껏 내보세요. 그러면 우리는 실패하지 않을 거예요"라고 북돋웠다. 그것은 평범한 표현이다. 천재가 그 말을 할 때는 번쩍이고 반짝였다. "실패하면 하는 거지." 맥베스 부인은 두려움 없이 실패에 맞서는 부류이다. 그녀의 이름이 시대의 가장 위대한 아들과 연결되었기에, 그 여배우는 그렇게 표현함으로써 불멸의 존재가 되었다. 하나의 단어가 그것을 했다. 아니 단음절에 놓인 하나의 새로운 억양이 그렇게 했다. 사소한 변화라고 할 수 있나? 한 위대한 사람은 "나는 사소한 것에 절대 신경을 쓰지 않는 것을 규칙으로 한다"라고 말했다. 그보다 더 위대한 사람은 "사소한 것이 무엇인지 내가 말할 수 있다면 나는 그렇게 할 것이다"라고 말했다. 한 가지 종류의 단어나 한 단어의 억양에서 올 수 있는 결과를 예측할 수 있다면 훨씬 멀리 가 있는 것이다. 운명의 여신은 때로 우리가 지나갈 때 우리를 흘낏 보거나 친절하게 고개를 끄덕이며 아는 채를 한다.

따라서 미래의 모든 엔진은 사전에 명시된 조건에서만 제공할 것을 결심했다. 그렇지 않으면 새로운 엔진을 개발할 도면도 그리지 않을 것이라고 와트는 선언했다. 그는 편지했다. "우리의 조건을 적정하게 합시다. 그리고 가능하다면 사전에 돈을 받는 것으로 합시다. 그러면 우리는 분명 얼마 정도의 돈을 벌 것입니다. 제가 지금 살면서 계속 느끼기로 감옥에 가지 않을 정도의 돈은 충분히 받을 수 있을 것입니다." 빚 때문에 감옥에 가는 것이 아직 폐지되지 않았다는 것을 기억하도록 하자. 우리 시대의 가장 유익한 진보 중 하나는 파산 법원이라고 자랑할 수 있다. 채권자들이 우리에게 아무리 불쾌하게 굴지라도 사회는 인도적인 법을 통해 채권자로부터 빚을 탕감해 주고 파산이라는 영광스러운 무죄 선고 끝에 건강하다는 보증을 해주어 새로운 출발을 하게 한다.

결과는 와트가 현명했다는 것을 증명했다. 그의 엔진은 광산을 살릴 필요가 있었다. 다른 것은 할 수 없었다. 그의 조건에 지원이 막힘없이 들어왔고, 와트는 협상에 서툴렀기 때문에 볼턴에게 콘월로 와서 그 일을 맡아 달라고 주장했다.

그러는 사이 작업에 관심을 크게 기울였고, 모든 것이 인력과 방법에 관한 것이었다. 회사는 아마도 최초의 근로자 복지 협회를 설립했다. 모두가 하나의 구성원이었고 수입에 따라 기부를 했다. 이 기금에서 나오는 돈은 병자나 장애인에게 다양한 액수로 쓰였다. 소호우정협회의 모든 구성원은 소수의 개선할 수 없는 술주정꾼을 제외하고는 교구에 항상 참여했다.

볼턴의 아들이 성년이 되었을 때 700명의 사람이 함께 저녁 식사를 했다. 올바르게 행동했던 일꾼은 결코 해고되지 않았다. 아버지들은 아들들에게 일을 소개했고, 그들의 감독 아래 양육했으며, 그들의 행동과 기계 훈련을 지켜보았다. 이렇게 소호에서는 세대를 이어갔다.

다른 사례에서 볼턴은 콘월에 있는 와트에게 편지한다. "저는 오늘 우리 사람들에게 저녁 식사를 대접한 것을 자랑스럽게 생각합니다. 머독, 로손, 피어슨, 퍼킨스, 말콤, 로버트 뮤어, 모든 스코틀랜드인들, 존 불, 윌슨, 그리고 저도 참석했습니다. 엔진이 지금 모두 완성되었고, 인력들이 올바르게 행동했으며 우리에게 붙어 있기 때문입니다."

소호에 있는 여섯 명의 스코틀랜드인과 세 명의 잉글랜드인이 그들의 고용주와 저녁 식사를 하는 것은 가치가 있다! 우리가 확신할 수 있듯이 이것은 당시에는 매우 드문

일이었다. 그렇지만 진정한 산업의 거물이라고 할 만했다. 여기에 북쪽으로부터의 초기 "침공"이 있다. 우리는 찰스 딜케 경이 했던 "위대한 영국"이라는 언급에서, 그가 세계를 여행하던 중에 고위직에 있는 모든 잉글랜드인마다 10명이 스코틀랜드인이 있었음을 발견했다고 했던 말을 기억한다. 물론 고국에서는 기회가 없었기 때문에 해외에서 자리를 찾아야만 했기 때문이었다.

이것은 신선한 충격이었고 아마도 이런 종류의 저녁 식사는 영국에서 처음이었을 것이다. 존경 받은 손님들은 임금의 인상보다 이것을 더 높게 쳤을 것임이 분명하다. 훌륭한 노동자는 임금 만으로 살지 않는다. 이 사례에서처럼 그들의 고용주에게서 보여지고 느껴지는 감사의 마음은 탐나는 보상이다.

우리는 와트가 스코틀랜드에서 실력이 떨어지는 기계공 때문에 얼마나 고생을 했는지를 읽었다. 당시에 그는 한 명의 훌륭한 장인도 찾을 수 없었다. 수준이 훨씬 높은 소호를 보고 나서, 그는 스코틀랜드 기계공은 훨씬 수준이 떨어진다고 선언했다. 그는 그들에게 편견이 있었다. 그러나 머독은 소호의 첫 스코틀랜드인으로서 모든 것을 금세 능가했다. 그리고 그의 날개 아래에서 다른 스코틀랜드인도 주어진 결과를 낼 기회를 얻었다. 증기 엔진의 초기 시절에서 조차 스코틀랜드인은 현재 탁월한 업적을 내는 해양 공학 분야를 예측해 그 엔진 건설에 재능을 보인 것은 큰 의미가 있다.

소호에서의 작업이 다른 모든 것의 본보기가 되었다는 것은 그리 놀랍지 않다. 볼턴이 보낸 편지의 마지막 말 "우리에게 붙어 있다"는 그 이야기를 들려준다. 볼턴과 와트의 회사 같은 곳에서는 파업이나 직장 폐쇄, 그리고 어떤 종류의 싸움의 위험도 없다. 그들 또한 직원에게 붙어 있다. 고용주와 직원 간의 상호 연결이 모든 문제의 만병통치약이다. 그렇다. 그것은 문제의 예방책으로 만병통치약보다 낫다.

와트로부터 반복해서 부름을 받은 후 볼턴은 1778년 10월 콘월으로 떠났다. 비록 포더길은 임박한 파멸의 통탄할 예언을 다시 하고 있었지만, 런던의 대리인은 재정 문제가 극도로 긴급해지자 볼턴이 그곳으로 오기를 간청했다. 볼턴은 트루로의 은행가들로부터 설치된 엔진을 담보로 1만 달러를 빌리는 데 성공했으며, 몇몇 분쟁을 해결했고, 한 엔진에 대해서는 연간 3500달러의 특허 사용료와 다른 엔진에 대해서는 연간 2000달러의 사용료를 받는 데에 성공했다.

마침내 발명이 성공의 신호를 보낸 이후로 9년의 힘든 노력 끝에 그렇게 오랫동안 기대했던 황금의 수확은 빈 금고를 채우기 시작했다. 그러나 거대한 부채는 끝없는 걱정의 근원으로 남았다. "이 지갑을 잡아먹는 것"에 대한 해결책은 찾을 수가 없었다.

와트는 엔진을 운용할 유능하고 술 취하지 않는 노동자가 부족한 것에 다시 직면했다. 하일랜드의 피는 마침내 그를 진지한 조치로 이끌어 가장 술 취하는 두세 명의 노동자를 해고해야 한다고 주장했다. 여기서 볼턴은 그를 말리는 데 크게 어려움을 겪었다. 심각한 사고가 일어날지라도 많이 참아야 했고, 종종 일어나는 주취도 눈감고 넘어가야 했다. 마침내 두 명의 노동자가 했던 일이 귀중한 것으로 드러났다. 이미 언급한 머독과 그로 인해 유명해진 로우이다. 머독이 호출을 받아 볼턴에게 고용해 달라고 부탁을 했을 때 와트는 자리에 없었다. 그 젊은 스코틀랜드인은 에어 근처에 사는 유명한 물방아 목수의 아들로, 아버지는 몇몇 중요한 혁신을 이루었던 사람이다. 아들은 아버지와 함께 일했지만 야심이 생겼고, 와트와 볼턴의 명성을 듣고서 소호에 들어가 일할 수 있는 길을 찾고 최고 수준의 손재주를 배우기로 결심한다.

볼턴은 지금은 자리가 없다고 말했지만, 그 어색해하는 청년이 손에 들고 있는 이상한 모자를 보고서 그게 무엇으로 만든 것인지 물었다. "나무요." 그 소년이 말했다. "뭐라고, 나무로 만들었다고?" "그렇습니다." "어떻게 만들었는데?" "제가 직접 만든 선반에 돌려서 만들었죠." 이것은 진귀한 사람을 판단하기에 충분했다. 그는 분명 타고난 기계공이었다. 그 청년은 즉시 채용되어 가게에서 일할 때는 일주일에 15실링, 가게 밖에서 일할 때는 17실링, 런던으로 파견되어 일할 때는 18실링을 받기로 했다. 그의 역사는 모든 기계 작업에서 고용주가 가장 신뢰할 수 있는 관리자가 될 때까지 이어졌던 상향 행진이었다. 한 가지 문제에서 엔진은 권리를 행사하려는 이전의 시도들을 부정했다. 머독이 머물렀던 곳의 사람들은 어느 날 밤 그들의 머리 위로 쿵쾅쿵쾅 걷는 소리에 잠이 깼다. 집 안으로 들어서자 잠을 자고 있던 머독이 보였다. 그는 잠결에 침구를 침대 기둥까지 끌어올리며 말했다. "이제 엔진이 작동된다, 이제 엔진이 작동돼." 그의 마음은 온통 일뿐이었다. 그 엔진을 작동시킨다는 사명 하나뿐이었다.

그는 물론 일어났다. 이 세상 어디에도 그런 "꿈꾸는 사람"을 감당할 수는 없다. 그는 열정이 있었을 뿐만 아니라 감각이 있었기 때문에 와트를 좌절시키고 짜증 나게 하고 협박했던 무례한 콘월 사람들을 정복하는 데 성공했다. 그는 그들의 마음을 얻었다. 그의 능력은 기계의 결함을 치료하는 것으로 끝나지 않았다. 그는 사람을 관리하는 법을 알았다. 그는 건장한 사람으로 격렬한 삶을 이끌고 나가는 데 주저하지 않았다. 그가 콘월에 있은 지 얼마 뒤에 12명의 광부 대장들, 그러니까 불쌍하고 내성적이고 겸손한 와트를 괴롭혔던 그들이 엔진실에 들어와 와트를 괴롭히기 시작했다. 스코틀랜드의 피가 솟았다. 머독은 조용히 엔진실 문을 잠그고 대장들에게 말했다. "이제 당신들은 문제를 말끔히 해결할 때까지 이곳을 떠나지 못할 것입니다." 그는 가장 큰 콘월 사람을 골라 싸웠다. 경합은 금방 끝났다. 머독은 괴롭힘을 정복했고 다음을 준비했다. 대장들은 그가 어떤 사람인 줄 알고서 평화 조건을 제안했고, 서로 악수해 친구가 되었고 그렇게 남았다. 오늘날 숙련되고 교육받은 관리자가 숙련된 노동자를 다루면서 교육받은 사람의 상냥함과 태도와 말과 행동, 심지어 격정적인 어조까지는 절대 올라가지 않는 조용하고 낮은 목소리로 대하는 그 강력한 힘만큼 효과적인 것은 없다. 그는 자신을 지배했기 때문에 다른 사람을 정복하고 명령을 내릴 수 있다.

우리는 머독을 잊어서는 안 된다. 그는 진귀한 자질 외에 기계적 천재성이 있었다. 그는 가스로 불을 밝히는 것을 발명했고, 자동차의 최초 모델을 만든 사람도 그였다. 엔진은 비상사태, 사고, 실수가 없었지만, 머독은 호출을 받아 들어갔다. 우리는 1780년에도 그의 임금이 고작 주당 5달러였다는 것을 알고서 놀란다. 그때 그는 임금 인상을 겸손하게 요구했으나 받아들여지지 않았다. 그렇지만 그의 비범한 공로를 인정해 100달러의 선물이 주어졌다. 아마도 당시에 임금 인상이 안 되었던 것은, 사업 형편 때문에 한 사람만 올려 줄 수는 없기 때문이었다. 머독은 다른 사람과 동업 관계를 맺긴 했지만 여전히 회사에 남았다. 나중에 그는 정당한 보상을 받는다. 그는 항상 동업이라는 것을 혐오했는데, 오랜 기간 실패는 거의 성공과 같은 것이었기 때문에 그 성향은 분명 이 사례에서 잘 드러난다. 와트는 편지에서 "윌리엄"(머독)을 자신을 곤경에서 구해 주었던 사람으로 누구보다 많이 언급한다.*

---

* 미국인 머독은 당시 최고의 작업 관리자였던 존스 대장에 의해 발굴되었다. 그는 젊은 기계공으로 하루 2달러를 받고 카네기 스틸 컴퍼니에서 일을 시작했다. 그것은 중요한 많은 면에서 머독을 완벽히 빼닮았다. 머독의 이야기를 읽으면서 우리는 그가 미합중국을 위해 싸운

광산주와의 협상 때문에 와트는 머리가 너무 아파 완전히 무너졌다. 볼턴은 1779년 가을 콘월에 있는 그에게로 다시 가야 했다. 그리고 평소대로 와트의 엄격한 정의감을 부정하는 욕심 많은 광산주들과 현명하게 타협함으로써 많은 분쟁을 조정하는 데 성공했다. 이들 중 많은 이가 수년간 특허 사용료를 지불하지 않았으며, 다른 사람은 연료 소비에 대한 와트의 오류 없는 계측(현재 일반적으로 많은 목적을 위해 사용되는 와트의 가장 독창적인 발명 중의 하나)을 두고 논쟁을 벌였다. 그것은 와트가 보기에 사용료를 지불하지 않는

전쟁에서 사병으로 들어가 영광스럽게 얻은 칭호인 "대장"이라는 이름을 쓰는 것을 발견한다. 그를 백만장자의 무리로 들어가게 할 회사에서의 이익을 제안받았을 때, 그는 "고맙습니다. 사업과는 관련이 없었으면 합니다. 이 일(피츠버그의 스틸 레일 공장)은 저에게 생각할 거리를 충분히 줍니다. 당신은 저에게 '엄청난 월급'을 줍니다"라고 대답했다. "좋소, 대장. 미합중국의 월급은 당신 것이요." 머독과 마찬가지로 그 또한 발명가였다. 그의 주된 발명은 최근에 대법원에 의해 유지된 것으로, 그 발명을 사용하고도 돈을 지불하지 않는 사람에게 최소 500만 달러의 사용료를 받아내는 것이었다. 존스 대장은 웨일스 출신 부모 밑에서 펜실베이니아에서 태어났다. 머독은 마침내 승진했고, 특별 부서의 최초 감독관이 되었으며, 나중에 기계 부서의 총괄 감독을 맡아 회사의 "오른팔"이 되었다. 젊은 동업자들은 그를 관대하게 대했고, 끝까지 그에게 존경과 애정을 보였다. 그는 85세에 세상을 떠났다. 존스 대장은 많은 참전 용사가 그랬듯이 전투 중에 다쳤고 나이가 들자 세상을 떠났다. 윌리엄 머독이나 윌리엄 존스를 발굴하고 그에게 자신의 방식으로 독창적인 일을 하게 해준 회사는 운이 좋았다.

것보다 더 악랄한 범죄였다. "인간이 이렇게 파렴치할 수 있다니 믿을 수 없다"라고 그는 편지한다. 그는 지금처럼 낙담하거나 화가 난 적이 없었다. 그보다 더 자신의 약점을 잘 아는 사람은 없었다. 간단히 말해 그의 골칫거리와 신경질은 사업과 맞지 않았다. 어느 때처럼 그는 낙담을 주로 그의 재정적 의무 탓으로 돌렸다. 회사는 그 어느 때보다 어려운 시기였다. 실제로 새로운 위험이 생겨났다. 포더길의 사업이 포함되었기에 볼턴의 자본과 신용이 없다면 볼턴과 포더길의 회사는 지불을 유지할 수 없었다. 이로 인해 자원이 고갈되었다. 볼턴은 아내가 가지고 온 땅을 팔았고, 아버지의 재산을 더 많이 팔았으며, 팔고 남은 재산은 저당을 잡혔다. 위대한 거물이 너무 많은 기업을 떠맡은 것이 분명했다. 아마도 그는 새로운 신조를 듣지 못했을 것이다. "달걀을 모두 한 바구니에 넣고 바구니를 유심히 지켜보라." 그는 심지어 미국 독립 전쟁 중의 밀항선에 상당한 돈을 넣기도 했다. 그러므로 더 신중한 스코틀랜드인이 그에게 애처로운 편지를 많이 보낸 것은 그럴 만한 이유가 있었다. "저는 이 돈 문제에 참석해 달라고 간청합니다. 저는 그것이 어떤 결정적인 형태를 갖출 때까지 침대에서 쉬지 못하겠습니다." 와트는 돈 문제에 미숙했기에 재정적 조치가 논의될 때마다 파멸하는 것은 아닌가 하는 우려를 불러일으켰다. 그는 이때 완전히 끔찍했으며, 지금까지 참으며 남편의 두려움을 물리치기 위해 오랫동안 용감하게 노력했던 와트 부인마저 마침내 걱정하기 시작했다. 그전까지 부인은 그 문제에 대해 볼턴에게 이야기하려고 하지 않았다. 그렇지만 부인은 침묵을 깨고 남편의 건강과 정신이 볼턴이 소호를 떠난 이후로 많이 나빠졌다는 것을 언급하는 감동적인 편지를 쓴다. "저는 남편을 완벽하게 비참하게 만들 정도로 그의 마음을 괴롭히는 몇 가지 것들이 있다는 것을 압니다. 그것들이 남편의 마음을 휘젓지는 않겠지만, 그는 무엇이든 오랫동안 하기에는 적합하지 않아요." 부인은 남편을 괴롭히는 이 재정적 악마들을 기술하면서, 그녀의 편지가 남편에게 알려져서는 안 되며, 그럴 경우 문제만 더할 뿐이라고 당부한다. 이 호소는 와트 부인을 우리 앞에 가장 매력적인 빛으로 인도한다.

이 문제에 대한 연구는 볼턴이 돌아오자 이루어졌으며, 그는 지금까지 이익을 내지 못했던 두 개의 부문을 폐쇄해 올바른 길로 들어서기로 합의한다. 엔진 부문은 없어서는 안 될 부문으로 증명되었고, 엔진에 대한 수요는 폭발하기 시작했고 여러 나라에서 긴급하게 찾았다. 엔진의 제작에 집중하는 것은 분명 진실한 정책이었다. 위대한 거물의 사업은 실패로 헛되이 끝나지 않았으며, 볼턴이 소호에서 시작하라고 권유했던 수익이 나는 사업 중에서 와트가 1778년에 발명하고 오늘날에도 사용하는 복사기가 있다는 사실을 발견하는 일은 기쁜 일이다.* 그해 7월 그는 블랙 박사에게 "최근에 글을 즉각 복사할 수 있는 방법을 발견했습니다. 그 글이 24시간 전에 쓰이기만 하면 됩니다. 견본을 보낼 테니 이것이 귀하에게 어떤 도움이 될 것이라면 그 비밀을 알려드리겠습니다. 저는 이걸로 제 모든 사업 문서를 복사할 수 있습니다." 그는 이것을 2년 동안 비밀로 했으며, 1780년 5월에 복사의 세부 사항을 완성하고 잉크로 실험을 한 뒤 특허를 확보했다. 150대가 만들어져 팔렸다. 그중 30대는 해외로 갔다. 그것은 꾸준히 나갔다. 와트는 약 30년 뒤에 쓰기를, 비록 수익이 나지 않더라도 그 제품을 완벽하게 하기 위해 들일 가치가 충분했던 모든 수고가 그에게 매우 유용한 것으로 드러났다고 말했다.

우리는 와트를 생각하면 증기 엔진이 모습을 드러낸다. 그러나 우리는 그의 옆 식탁 위에 눈에 잘 띄지 않는 작은

---

* 습식 복사기를 말한다 - 역주

복사기를 주목하도록 하자. 극과 극은 여기서 통한다. 어떤 분야의 활동에 종사할지라도 노동자들이 일하는 모든 사무실에서 보다 보편적으로 사용되는 한 가지의 발명품을 언급하기란 어려울 것이다. 최고의 유용성을 지닌 겸손한 발명품 목록에서 현대의 복사기는 높은 순위를 차지해야 하며, 이는 전적으로 와트 덕분이다.

복사기와 같은 기간에 그는 직물을 건조하는 기계를 발명했다. 그 기계는 세 개의 실린더로 되어 있고, 옷은 실린더가 증기로 가득 차 있을 동안에 뒤집어져 아래에 있어야 했다. 옷은 나무로 만든 두 개의 롤러에 감기어 나갔다 들어오는 것인데, 이것은 옷이 잇달아 세 개의 실린더를 통과한다는 뜻이다. 이 기계는 글래스고에 있는 그의 장인 맥그리거 씨를 위해 설치되었는데, 와트가 예전에 종종 고용했던 영리한 기계공이던 존 가디너가 했다. 그는 1814년 데이비드 브루스터에게 "저는 이것이 그런 기계들의 원조라고 이해합니다"라고 편지한다. 그러한 증기 건조기가 오늘날 사용되는 것을 고려할 때 와트로 돌릴 수 있는 칭찬으로 작을 수가 없다. 건조기는 복사기와 어울리지 않는 동료가 아니다.

와트는 모든 엔진을 검사하기 위해 1781년 콘월을 다시 방문했다. 그는 관심과 개선이 많이 필요한 것을 발견했다. 그는 저녁 시간을 "노상 증기차"를 설계하는 데 썼다. 이것은 철도가 시작되기 전의 시기이고, 그 차는 보통의 마차로 위에 증기로 운전하는 것이었다. 그는 4절판 드로잉북에 이것에 대한 여러 계획을 채워 넣었고, 그 생각을 그의 특허 사항의 하나로 다루었다. 볼턴은 1781년에 회전 운동에 관한 아이디어가 개발되어야 한다고 제안했는데, 와트는 처음부터 그것을 가장 중요한 것으로 간주했다. 이것을 위해 그는 독창적인 휠 엔진을 발명했고, 1769년의 첫 번째 특허에서 회전 운동을 확보하는 한 가지 방법을 기술한다. 그는 보통의 엔진이 회전 운동을 하기에 적합하도록 맞추어질 수 있다는 생각이 들었다. 그는 콘월에서 볼턴에게 편지했다. "원 운동에 관해서는 가능한 빨리 그것을 적용할 것입니다." 그는 소호로 돌아와서 하나의 모델을 준비했는데, 그것은 그 목적을 위해 엔진의 작동 빔에 연결된 크랭크를 이용한 것으로 만족스럽게 작동했다. 이것은 크랭크 운동에서 새로운 것이 아니었다. 이것은 손으로 돌리는 모든 회전 휠, 맷돌, 발 선반에 사용되던 것이었다. 그렇지만 그것을 증기 엔진에 적용하는 것은 새로운 것이었다. 그는 1771년 초반에 편지한다.

저는 종종 그 주제에 관해 많이 생각합니다. 내구성을 고려한다면 일반적으로 충분한 곡선의 크랭크가 가장 훌륭하지는 않을지라도 훨씬 매끄러운 움직임이 될 것입니다. … 그래서 저는 그 크랭크를 채용하기로 결심했습니다. … 저는 이것으로 만족스럽게 작동할 하나의 모델을 만들었습니다. 그렇지만 다른 사업에 열중하느라 특허를 취득하는 데 소홀했고, 이 모델과 관련해 카트라이트라는 이름의 불한당을 고용했지요(그는 나중에 교수형을 당했습니다). 그는 와스버러의 공장에서 같은 부류의 몇몇 일꾼과 일하면서 증기차의 불규칙성과 잦은 고장에 대해 불평을 늘어놓으며, 고장이 나지 않거나 소음을 내며 멈추지 않는 회전 운동을 만들 줄 안다고 말하며 제가 하는 것을 봤다고 그들에게 설명했습니다. 그 얼마 후 와스버러의 공장에서 일했던 엔지니어인 존 스티드는 크랭크를 이용한 회전 운동으로 특허를 획득했고, 그것을 엔진에 적용했습니다. 카트라이트의 특허 절도에 대한 의심이 들어 그를 엄하게 캐물었고, 그는 특허를 빼내 넘기는 데 관여했다고 실토했지만, 우리에게는 너무 늦어 소용이 없었습니다.

이에 와스버러는 특허를 서로 맞교환하고 동업하자는 제안을 했지만, 와트는 조롱하면서 거절했다. 그는 이렇게 편지했다.

제가 제 고향 사람들처럼 친절하지는 않지만, 저에게는 초라한 행동을 하지 않을 만큼의 타고난 자존심이 있습니다. 아마 비굴한 신중함이 그렇게 하라고 시키기 때문에 초라하게 행동할 터이지요. … 아무것도 남지 않을지라도, 저는 절대로 초라하게 도둑에게 제 것을 돌려달라고 고소하지는 않을 것입니다.

피가 솟구쳤다. 악당과의 거래는 없다!

1781년 7월 와트는 연구를 끝내고 펜린으로 가서 "증기나 화력 엔진의 진동 운동이나 왕복 운동을 적용해 축이나 중심 둘레로 계속 회전 또는 원 운동을 하게 해, 그것으로 공장이나 다른 기계 장치의 바퀴를 움직이게 하는 어떤 새로운 방법을 발명했다"라고 법정에서 맹세했다.

와트는 모든 종류의 공장 운전을 위한 증기 엔진에 대해 받은 수많은 문의에 자극을 받아 회전식 엔진에 대한 계획을 세웠다. 그는 "런던, 맨체스터, 버밍엄 사람들이 모두 증기로 움직이는 공장에 미쳐 있는" 것을 발견했다.

재정 문제를 겪으면서 오랜 기간 실험하고, 열악하고 술에 찌든 노동자, 실망스러운 성능을 내는 엔진, 그를 괴롭히는 콘월의 광산주들에 시달리면서, 와트는 그의 다락방에서 여러 기계적 문제들을 해결하려는 열정으로 자신을 위로했을 가능성이 매우 높다. 우리는 심지어 그의 진지한 사명, 즉 엔진의 개발이라는 언제나 변함 없던 그 사명으로부터 그가 때로 달아나 오락을 위해 보다 덜 진을 빼는 수많은 발명을 즐겼을 것이라고 상상한다. 마치 연구에 지친 학생이 소설을 찾듯이 말이다. 그의 수많은 편지는 그가 이런 저런 발명에 끊임없이 몰입했음을 보여 준다. 새로운 측미계, 눈금 나사, 새로운 측량 사분의, 굴절과 시차 효과를 내는 별과 달 사이의 계측된 거리를 해결하는 문제, 그리는 기계, 조각을 복사하는 기계 등 그가 사용해 보았거나 이렇게 질문했던 것은 무엇이든 대상이었다. "더 개선될 수 없을까?" 일반적으로 그에 대한 대답은 긍정적이었다.

우리가 읽었던 것처럼, 그는 증기차의 문제를 오랫동안 연구했다. 뮤어헤드의 전기는 이에 대해 몇 페이지를 할애한다. 1784년의 특허인 그의 일곱 번째 "새로운 개선"에서, 그는 "사람이나 상품, 다른 물체를 한 장소에서 다른 장소로 옮기는 바퀴차에 운동을 적용하는 증기 엔진의 원리와 건설"을 기술한다. 머독 씨는 여기서 아주 잘 작동하는 엔진의 모델을 상세하게 특정했지만, 1802년이 되기까지 이 모든 것과 관련해 어떤 중요한 것도 나오지 않았고, 그 문제가 와트의 친구에 의해 즉시 변경되었을 때 에지워스 씨는 와트에게 편지한다. "저는 증기가 만물의 주인이 될 것이고, 우리는 역마(驛馬)를 경멸할 것이라고 언제나 생각했습니다. 철도는 일반적인 건설의 도로보다 저렴할 것입니다." 여기에 우리의 철도 시스템이 출현하는 아이디어가 몇 개의 말로 나온다. 분명 에지워스는 불멸의 사람으로 자리할 자격이 있다.* 그러나 증기선의 경우처럼 와트의 없어서는 안 될 엔진이 운동력을 제공해야만 했다. 철도는 증기 엔진이 기

---

* 위의 내용을 타자로 입력한 후로 나는 그 표준이 될 것으로 예견되는 출간 예정작 《기관차의 개발》에서 앵거스 싱클레어 씨가 다음과 같이 말하는 것을 알았다. "화물 운송에 철도를 이용할 것을 최초로 제안한 사람은 델튼의 토머스 씨로 1800년 2월에 뉴캐슬 문학 철학 협회에서 나온 것으로 보인다. 2년 뒤 유명한 소설가의 아버지였던 리처드 에지워스는 철도를 승객을 운반하는 것으로 확대해야 한다고 제안했다." 우리가 아는 한, 토머스의 제안에 대한 기록은 없고 오직 전승만 있을 뿐이다. 그러나 비록 제안했다고 하더라도 그것은 죽은 채로 있었던 듯하다. 에지워스는 분명 그것에 대해 모르고 있었고, 대중의 관심을 맨 처음 끈 것으로 보이는 와트에게 보내는 편지에서 보듯이, 승객은 서서 가도록 쓰여 있기 때문이다.

적을 만드는 데 필요한 매끄러운 궤도에 불과했다. 도로 위의 증기 동력은 보통의 고속도로를 포기할 것을 요구한다. 따라서 우리는 자동차 전용의 새로운 도로를 강제하거나, 기존의 고속도로의 폭을 넓히거나, 어떤 규칙 하에서는 본래 시간당 8마일에서 10마일을 달리도록 의도되었을 때 시간당 20마일 또는 그 이상의 속도로 달려도 안전하도록 도로를 만들어야 하는 것으로 믿을 수 있다.

와트의 시대에 독서 램프는 조잡한 수준이었고, 그것을 개선하는 방법을 연구하지 않고는 효과적인 도구가 없다는 것을 보고서 새로운 램프를 만들었다. 그는 아르간드 버너의 아르간드에게 그 주제에 관해 편지하길, 소호의 작업실에서 오랫동안 램프를 만들었는데 이제껏 나온 어떤 램프보다 안정성과 밝기에서 뛰어나다고 말했다. 그는 "저장부는 낮으면서 기둥은 원하는 만큼 긴" 램프에 관해 네 개의 계획을 제시한다. 그는 또한 액체의 비중을 결정하는 도구를 만들었으며, 1년 후에는 "용해하지 않고도 작동하는 탄성 수지의 방법을 발견했다." 예술과 과학에서 수천 가지 목적으로 사용되는 그러한 관의 중요성은 오늘날 인정받고 있다.

와트는 수학 기계에 많은 시간을 할애했고, 그것으로 계획을 세우기가 무척 쉽다는 것을 발견했다. 그러나 그는 "기계 공학에는 컵과 입 사이에 많은 것이 빠져 있다는 것을 경험으로 배웠다"고 덧붙인다. 그는 성취해야 할 것이 무엇인지 기술했지만, 그 기계를 완벽하게 하는 일은 훨씬 오랜 훗날 배비지에게 남겼다. 조각을 복사하는 기계는 한동안 그를 즐겁게 했지만, 이것은 결코 끝나지 않았다.

기계적 성질의 난관이 있으면 사람들은 자연스럽게 해결책을 찾기 위해 와트를 찾았다. 글래스고 대학교는 클라이드를 가로질러 물을 운반하는 파이프를 찾지 못했고, 강물의 통로는 진흙과 모래로 덮여 있었으며, 온통 균일하지 못했고, 상당한 물의 압력을 받았다. 해결 방안이 그 인정하는 천재에게 결국 맡겨졌다. 그가 해결하지 못하면 누가 할 수 있을까? 이것은 와트가 하기를 원했던 바로 그런 일 중의 하나였다. 그는 즉시 가재 꼬리의 원리에 따라 만들어진 부품으로 관절식 흡입 파이프를 신속하게 고안했다. 100피트 길이의 이 갑각류 관은 그 문제를 신속하게 해결했다. 와트는 그의 봉사가 오직 글래스고 시에 좋은 물을 공급함으로써 도움이 되며, 그렇게 큰 위험을 감수한 회사가 더욱 번창하기를 바라는 마음에서 했다고 말했다. 이 멋지게 인식되는 그의 발표는 그에게 귀한 평판을 주었다.

개선할 수 있는 모든 것을 생각하는 습관을 보여 주는 또 다른 증거로, 증기 엔진에서 나오는 연기의 소비에 그가 일찍부터 관심을 기울였고 이를 위한 장치로 특허를 얻었다는 것은 독자에게 새로운 소식일 수 있다. 수많은 도시를 구름 아래에 두는 많은 양의 연기를 줄이기 위해 수많은 시도가 실질적으로 뒤따랐다. 그는 성공했으며, 그의 아들 제임스는 1790년 맨체스터에서 그에게 편지를 쓴다.

이 부근에서 엔진의 연기를 소비하는 힘이 모든 사람에게 주는 인상은 놀랍습니다. 그들은 그들의 감각이 주는 증거를 거의 신뢰하지 않습니다. 그것을 설명하기 위해 언급되었던 이상한 가설을 들으신다면 기분이 좋아지실 것입니다.

이것은 아주 잘 되었다. 제조업체가 법에 따라 전열면을 충분히 설치하고 신중한 발화를 포함한 잘 알려진 장치를 추가한다면 제조에서 생기는 연기의 대부분을 절감할 수 있지만, 내가 아는 한 효과적인 법을 집행할 수 있는 도시는 없었다. 그곳에는 연기에 대처해야 하는 사람이 사는 집이 있으며, 대도시에는 제조 공장에서 만들어진 연기를 훨씬 초과하는 연기가 누적해서 만들어진다. 뉴욕은 석탄을 일반적으로 사용하는 도시 중에서 가장 깨끗한 하늘을 확보하려는 유일한 계획을 추진하고 있다. 역청탄을 사용하는 것은 불법이다. 현재 뉴욕의 막대한 성장(지난 10년간 45퍼센트)은 도시 안팎으로 다른 도시와 비교할 때 맑은 푸른 면과 그에 따르는 만물의 청결이라는 매력에 조금도 기대고 있지 않다. 열을 배포하는 발명이나 새로운 방법이 진전되어 언젠가 그렇게 될 것이지만, 연기가 사라진다 해도 부자들은 깨끗한 비현실적 거대 도시로 몰려들기보다 그들 각자의 서부 도시에 남을 것이다. 그들은 지금 대체로 그렇게 하고 있다.

그런 것들이 와트가 만든 부산물이었다. 그가 휴식을 발견한다면 그건 하는 일을 바꾸는 것이 전부였다. 나른하게 날을 보내거나, 여행을 가거나, 휴가를 가거나 하지 않고 오직 일을 바꿈으로써 휴식을 얻었다.

훨씬 뛰어난 엔진이 발명되었다는 소문이 와트를 끊임없이 괴롭혔고, 시간의 대부분을 그것을 조사하는 데 썼다. 그는 열로 구동하는 공기 엔진이 가능한 새로운 아이디어라고 생각했다. 한 편에서는 공기를 흡수해 압축하고, 다른 한 편에서는 공기를 배출하고 팽창시키는 것을 통해 기계

동력을 만드는 가능성이었다. 그의 마음은 가능성의 전 분야에 걸쳐 있는 것 같았다.

혼블라워 엔진은 와트의 엔진을 확실히 대체할 것으로 예견되었다. 그것은 와트가 말한 것을 증명하는 것으로 묘사되었다. "우리의 팽창 원리에 따라 작동하는 우리의 이중 실린더와 다르지 않습니다. 저는 그것을 스미턴 씨에게 14년 전에 말했죠." 와트는 스몰 박사에게 1769년 5월 초에 증기를 광범위하게 사용하는 방법에 관해 설명했으며, 소호 엔진과 그 해에 설치된 샤드웰 엔진도 이 기술을 채택했다.

우리는 전에 와트가 그의 발걸음을 돌려 후기의 엔진에서는 전에 시도했던 것을 잠시 버려야만 했던 것을 보았다.

물 위에서 보트를 밀어내기 위해 증기를 적용하는 것은 이 시기(1788년)에 관심을 많이 끌었다. 볼턴과 와트는 실험을 수행하기를 촉구받았다. 그들은 공장에 시설을 완전히 갖추고 재미로만 했는데, 마침내 1803년 8월 6일에 폴턴이 직접 도면을 그려 이 목적을 위한 엔진을 주문했고, 1804년에는 손수 그 주문을 반복했다. 엔진은 1805년 초에 미국으로 선적되었고, 1807년에 허드슨 강에서 여객선으로 운행하는 클레몬 호에 설치되어 시간당 약 5마일의 속도를 냈다. 이것은 승객을 위해 사용된 최초의 증기선이었고, 풀턴은 배나 엔진을 발명하지도 이 두 가지를 조합하지도 못했지만, 여전히 대부분의 사람을 낙담시키기에 충분한 무수한 어려움을 극복하는 데 크게 기여했다. 덤프리셔 출신의 스코틀랜드 후손인 풀턴은 1801년에 스코틀랜드 샤로테 던다스에 있는 사이밍턴의 증기선을 방문해 포트와 클라이드 운하에서 운하선이 성공적으로 나가는 것을 보았다. 이것은 상용 목적으로 성공적으로 추진된 최초의 증기선박이었다. 그렇지만 운하선은 결국 포기했는데, 그 이유는 엔진이 운하선을 끌지 못했던 것 때문이 아니라 회전하는 외륜 바퀴가 만드는 물결이 운하의 둑을 쓸어 버릴 정도로 위협적이기 때문이었다.

몇몇 엔진이 뉴욕으로 보내졌다. 선적 담당자는 존 휴잇이라는 미국인이 엔진을 주문하는 일정한 패턴이 있는 것을 발견했다. 그는 1796년 1월 12일에 미국에 정착한 사람으로, 훗날 저명하고 깊이 애도하는 국회의원의 아버지가 되었다. 아브람 S. 휴잇은 오랫동안 국회의원이었고, 나중에 뉴욕 시장이 되어 도시의 가장 큰 개선으로 그의 책임 하에 최근에 지하철을 개통했다. 이 공로로 상무부는 그에게 공로패를 수여했다. 그는 쿠퍼연구소의 설립자인 피터 쿠퍼의 딸과 결혼했다. 연구소는 피터 쿠퍼 덕분에 크게 성장했다. 그의 자녀들은 연구소의 경영에 전념했다. 휴잇이 1902년에 죽을 때, 그는 "공화국 최초의 개인 시민"으로 불리었다. 작은 엔진 가게들(폐허가 된 가게들은 여전히 남아 있다)은 그의 아버지에 의해 뉴욕 시 부근에 있는 이리 철도의 그린우드 구역에 그 가게들의 원형을 따라 "소호"라는 이름으로 세워졌다. 당시 그 철도 회사의 회장이었던 아브람 S. 휴잇 씨는 그 철도역을 "소호"라고 불렀다. 해외의 통신사 하나가 적절하게 관심을 보였고 그럴 만한 가치가 있었다. "모든 음표가 진정으로 10옥타브에 해당했으며 장엄하게 불리었다." 오늘날 어떤 개인도 그런 거대한 애도를 받으며 세상을 떠나지 않았다. 공화국은 1796년 1월 12일에 옛집으로부터 온 선박에서 엔진보다 더 귀한 것들을 얻었다.

우리는 증기 항해의 성공이 가능해질 때까지 와트의 엔진은 증기 항해에 적용되지 않았다는 것을 잊어서는 안 된다. 증기 엔진이 실용화될 수 있었던 것은 오직 증기선 때문이다. 증기선은 증기 엔진의 산물로, 현대의 2만 3000톤의 괴물(곧 등장할 그 이상의 괴물)이 조류와 바람에 맞서 거의 "흔들리지 않고 움직"일 때 그렇다고 적절하게 말할 수 있다. 대서양을 횡단해 항구와 항구를 건너는 승객들은 불규칙한 움직임에 대해 거의 알지 못하며, 가볍게 들어 올리는

가장 온화한 느낌 이상은 결코 알지 못한다. 심지어

"괴물 같은 머리를 휘감아
꼭대기를 사로잡는 악당 같은 물결구름"

이 이는 돌풍이 불지라도 말이다.
이 배들이 가로지르는 대양은 매끄러운 고속도로이다. 그것은 그저 여객선일 뿐이다. 여객선에서 보내는 일주일은, 신중한 여행가는 무선 전보가 뒤따르지 않을 긍정적인 설명을 남긴다는 가정하에 어쩌면 가장 즐겁고 건전한 휴가 여행이 되었다.

7장
두 번째 특허

증기 엔진과 그 가능한 개선에 매력을 느낀 경쟁자들이 몰려들었고, 그들 중 일부는 와트의 특허를 침해하기 시작하자 두 사람은 경계하지 않을 수 없었다. 볼턴과 와트는 첫 번째 특허 후로 축적한 중요한 개선점에 대해 또 다른 특허를 출원하기로 결정한다. 이에 따라 1781년 10월 25일 "축이나 중심 둘레로 계속 회전 또는 원 운동을 하게 해, 그것으로 공장이나 다른 기계 장치의 바퀴를 움직이게 하는 어떤 새로운 방법"에 관한 특허를 확보했다.

이 특허는 1769년의 첫 번째 특허에서 기술되었던 증기 휠이나 회전식 엔진을 작동하면서 겪었던 어려움의 결과로 필요했다. 그 어려움은 와트가 너무나 부당한 기대를 받았기 때문이며, 크랭크 운동에서 와스버러 때문이기도 했다.

회전 운동에 관한 다섯 가지 이상의 방법이 특허에 기술되어 있으며, 다섯 번째는 일반적으로 "태양과 행성 바퀴"로 알려져 있다. 와트는 이에 대해 1782년 1월 3일 볼턴에게 편지한다.

> 저는 회전식 엔진에 관한 저의 오랜 계획 중 하나인 한 모델을 시도해 보았습니다. 머독 씨는 그것을 되살려 실행했습니다. 그 엔진의 장점들은 다섯 번째 방법으로 특허 사양에 포함되어 있습니다. 다음번 편지에 도면과 내용을 그 목적을 위해 보낼 것입니다. 그것은 엔진의 일회 작동에 두 번 회전하는 특이한 성질이 있으며, 필요하다면 추가적인 기계 장치 없이도 더 자주 회전할 수 있도록 만들 수 있을 것 같습니다.

그리고 나서 그가 보낸 스케치에 대한 설명이 뒤따랐고, 이틀 후에 그는 이렇게 편지했다. "다섯 번째 방법의 도면을 보내고 그에 대한 설명을 완벽하게 보냈다고 생각했지만, 어제 저녁 늦게까지 끝내지 못했으며, 오늘은 머리가 아프군요. 따라서 저는 그 부분의 초고만 보냅니다."

이러한 모든 연구에서 와트는 움직임을 규칙적으로 하기 위해 플라이휠을 사용하는 것이 좋다고 추천했지만, 다음 해인 1782년의 특허 사양에서 그의 복동 엔진은 더 규칙적인 움직임을 만들었기에 플라이휠이 필요 없게 되었다. "따라서 우리의 위대한 공장 대부분에서 이 엔진들은 이제 물, 바람, 말(馬)로 움직이는 기계의 역할을 제공하고, 그 주된 행위자는 공장주가 생각하기에 가장 편리한 곳에 놓인다"라고 그는 말했다.

이것은 증기 엔진의 개발에서 가장 중요한 단계 중 하나이다. 이것은 결국 오늘날까지 남은 휴대용 기계였으며, 편리한 곳 어디에나 설치되었고, 그 자체로 완벽하고, 모든 방식의 작업에 적용할 수 있는 회전 동작을 담고 있었다. 완벽한 크랭크 운동을 피하기 위해 와트가 발명해야 했던 창의적인 대용품은 물론 모두 폐기되었다. 그리고 아무것도 필요하지 않는 곳에는 증거를 제외하고 아무것도 남지 않는다. 그 천재는 비상 상황에 대비해 힘이 준비되어 있었다. 한 방향에서 멈추면 다른 방향을 쪼아서 길을 만들었다.

와트는 이 1781년 특허의 사양을 준비하면서 마찬가지로 매우 중요한 또 다른 사양을 준비하느라 바빴는데 그것은

1782년에 모습을 드러낸다. 그것은 다음과 같은 새로운 개선을 포함하는 것으로, 수년 동안 생각하고 시험해 온 수많은 아이디어와 실험을 걸러낸 것이었다.

1. 팽창 원리에 따른 증기의 사용. 팽창력을 균등하게 하기 위한 다양한 방법이나 고안(그 개수는 여섯이고, 그중 일부는 다양한 변형을 포함한다)과 함께.
2. 복동 엔진. 증기가 피스톤을 상향 및 하향으로 가압하는 것이 허용된다. 피스톤은 또한 상승의 도움을 받으며 다른 쪽의 응축에 의해 생성된 진공에 의해 하강한다.
3. 이중 엔진. 주 엔진과 보조 엔진으로 구성되며, 엔진의 증기 용기와 콘덴서는 파이프와 밸브로 연결되어 독립적 또는 공동으로 작동할 수 있다. 필요에 따라 번갈아가며 또는 동시에 스트로크를 만들 수 있다.
4. 피스톤 로드를 인도하기 위해 체인 대신 톱니형 랙과 섹터 사용.
5. 회전식 엔진 또는 증기 휠

그 작업의 완성에는 세 가지 중요한 요소가 필요했다. 첫째, 팽창해서 사용되는 증기, 둘째, 복동 엔진. 와트의 첫 번째 엔진은 뉴커먼 엔진의 경우와 같이 실린더의 맨 아래에서 증기를 빨아들였음을 기억할 것이다. 그러나 이런 차이가 있었다. 와트는 뉴커먼 엔진이 할 수 없는 작업을 수행하기 위해 증기를 사용했고, 뉴커먼 엔진은 오직 피스톤을 강제로 들어 올리기 위해 증기를 사용했을 뿐이다. 이제 와트는 큰 걸음을 앞으로 내디뎠다. 뉴커먼의 실린더는 상부가 열려 있었지만 와트의 엔진은 상부를 닫은 관계로, 상부에 있는 증기로 피스톤을 하단으로 내리는 것만큼 그 피스톤을 위로 올리기도 쉬었다. 또한 콘덴서를 아래에 있는 증기처럼 위에 있는 증기에 적용하기도 쉬었는데, 그 순간에 진공 상태가 필요했기 때문이다. 이 모든 것은 수많은 장치에 의해 독창적으로 제공되었으며 그 특허에 의해 보호되었다. 셋째, 그는 한 걸음 더 나아가 복합 엔진에 도전했다. 두 개의 엔진이 주 엔진과 보조 엔진이 되어, 작동하는 증기를 독립적 또는 조화를 이루어 스트로크를 번갈아 또는 동시에 하는 것이다. 복합 엔진은 와트가 1767년에 처음으로 생각했다. 그는 첫 번째 특허의 연장을 요구할 때 의회 앞에서 양피지에 그것의 도면을 크게 그렸다. 그가 그 엔진을 만드는 것까지 나가지 않은 이유는 "다른 사람에게 단일 엔진의 구성과 사용을 가르치고 편견을 극복하는 데에서 생긴 어려움" 때문이었다. 그가 1782년에 특허를 획득했던 이유는 단지 그가 "표절자와 해적 무리에게 둘러싸인 것"을 발견했기 때문이다.

이 복동 엔진의 가장 초기의 것이 1786년 런던의 알비온 밀즈에 설치되었다. 와트는 이렇게 편지했다.

알비온 밀즈를 언급하기에 저는 그날 엔진의 설치를 매우 높이 존중하는 말을 몇 마디 했습니다. 그리고 1791년에 화재로 파괴된 것이 설계 때문이 아니라고는 할 수 없을 듯합니다. 사람들이 오해하는 것처럼 독점이 대중에게 해로운 것은 아닙니다. 오히려 그것은 작업을 계속할 수 있게 함으로써 밀가루 가격을 상당히 낮추는 수단이었습니다.

"복동" 엔진 뒤에는 "복합" 엔진이 왔다. 와트는 말한다.

하나의 새로운 복합 엔진, 또는 두 개나 그 이상의 엔진의 실린더와 콘덴서를 연결해 첫 번째 엔진의 피스톤을 누르기 위해 사용된 증기가 두 번째 엔진의 피스톤에서 팽창하도록 하는 방법 등. 이렇게 해서 첫 번째 실린더와 교대로 또는 공동으로 작동해 추가 동력을 얻는다.

우리는 오늘날 실질적으로 모든 면에서 현대적 엔진을 보유하고 있다.

와트의 시대부터 두 가지의 개선이 있었다. 첫째, 카트라이트의 피스톤링이다. 그것은 고안한 최고의 피스톤 봉합법을 사용했을지라도 여전히 와트를 괴롭혔던 심각한 난제였던 증기의 누출을 효과적으로 제거했다. 와트가 높은 고압의 증기를 사용할 수 없었던 것도 그 때문이었다. 오늘날 우리는 초고온 증기의 사용이 급속히 늘어남에 따라 피스톤링의 사용도 급속히 늘고 있다. 와트의 때 이후에도 피스톤을 봉합하는 일은 정교한 작업이었다.

와트가 고압의 증기를 사용하지 않았던 것은 오늘날의 어떤 전문가와 마찬가지로 그가 고압의 이점을 몰랐기 때문이 아니라 단지 당시 고압을 수용하는 데서 생기는 기계적 난점 때문이었다. 그는 기계적 실용성에서 뒤처지기보다 언제나 앞섰고, 우리가 팽창의 경우에서 보았듯이 그 발걸음을 돌려야만 했다.

다른 개선은 미국인 하스웰이 만든 크로스헤드이다. 이것은 결정적인 진보로, 피스톤 로드에 쉴 수 있는 부드럽고 쭉 뻗은 침대를 제공해 피스톤 로드를 모든 소동으로부터 없애는 것이다. 드롭 밸브는 이제 슬라이드 밸브를 대체하고 있는데, 그것은 증기를 배출하고 받아들이는 보다 좋은 형태이다.

물론 와트는 고압이 없는 고온의 열동력적 가치를 전혀 알지 못했고, 압력의 가치에 대해서도 충분히 알지 못했다. 카로노가 1824년에 그것을 발견하기 전까지 물리학자나 엔지니어도 상상조차 하지 못했다. 그가 그것을 알았더라도 당시의 기계 기술이 그것의 사용을 허락할 조건이 되지 못했다. 고압조차도 크게 실용적이지 못했다. 오랫동안 실질적으로 버려졌던 터빈과 고온이 부활이라는 고무적인 신호를 보이는 것이 고작 지난 몇 년 사이일 뿐이다. 그것은 발전을 위한 큰 약속이었고, 윤활과 봉합의 어려움은 지난 5년 이내로 극복되었다. 특별히 고온은 일반 엔진으로 실행할 때와 비교해 상당한 결과를 가져올 것으로 약속되지만, 최고 4배로 팽창하는 엔진에 비해 증기를 절약하는 한도는 클 수 없다. 그렇지만 켈빈 경은 이것이 증기 엔진이 가장 가능한 경제성을 갖도록 하는 데 과학이 주는 최고의 기여가

될 것이라고 예상한다.

덴튼 교수는 〈스트븐연구소 지표〉(1905년) 1월 호에서 최근의 증기 엔진의 경제성에 대해 유익한 소개를 한다. 그는 현재 증기 터빈이 피스톤 엔진이 내는 배기가스를 통해 피스톤 엔진에 적용되고 있으며, 이산화황 실린더가 내는 것과 같은 증기 절감 효과를 동일하게 내고 있다고 말한다. 그리고 다음과 같이 덧붙인다.

터빈이 피스톤 엔진의 무서운 경쟁자라는 사실은 주로 증기 역사 초창기에 총명한 설립자인 불멸의 와트가 경제성의 근본 요소로 밝힌 팽창 원리를 보다 완전하게 실현하는 사실 때문이다.

와트가 1783년 말과 1784년에 초에 소호에서 가장 좋아했던 일은 그의 엔진을 가르치는 것이었다. 그 결과 이제 엔진은 강력하면서도 유순한 것이 되어 동력 망치로서의 역할을 한다. 그는 1777년 볼턴에게 편지한다.

윌킨슨은 엔진을 1분에 35~40회 15CWT의 망치질로 높이기 원합니다. 저는 웹에게 작은 엔진과 60파운드의 망치로 그것을 시도해 보기로 했습니다. 이 망치질이 그들이 원하는 대답일 것입니다.

시험은 성공이었다. 700파운드의 망치로 작동하는 새로운 기계가 윌킨슨을 위해 1783년 4월 27일 만들어졌고, 와트는 다음과 같이 편지한다.

엔진은 분당 15에서 50, 심지어 60스트로크를 하며 2피트 높이로 세워진 망치는 분당 300회를 타격합니다.

엔진은 두 개의 망치로 작동해야 했지만, 각각 네 개의 7CWT 작업을 수행할 수 있었다. 그는 용납이 되는 자존심으로 말한다.

저는 그 무게의 망치로 분당 300회의 타격을 하는 것이 전에는 결코 하지 못했던 일이라고 믿습니다. 그리고 사실 그것의 어떤 다른 용도보다, 원했던 속도는 90~100회 타격이었으므로 작업자가 그것으로 철을 관리할 수 있을 만큼 빠르다고 자랑하는 것이 더 중요합니다.

증기 동력의 가장 창의적인 적용은 1784년 4월 28일 와트의 후속 특허에 포함되었다. 그것은 많은 개선을 포함하고 있지만, 대부분은 지금 거의 중요하지 않다. 그중에서 와트가 다른 성과보다 더 자랑스럽게 여겼던 것은 가장 유명했던 "병행 운동"이었다. 그는 그것이 발명된(1784년) 지 24년이 되는 1808년 11월에 아들에게 편지한다.

내가 명성을 얻은 후에 너무 불안해하는 것은 아닐지라도, 나는 내가 이룩한 다른 어떤 기계적 발명보다 병행 운동을 더 자랑스럽게 생각한다.

그는 1784년 6월에 볼턴에게 편지한다.

저는 새로운 의제를 시작했습니다. 저는 빔에 하나의 빔을 고정하는 방법만으로 피스톤 로드를 수직으로 움직이는 방법을 언뜻 알게 되었습니다. … 저는 그것이 제가 고안한 가장 창의적이고 가장 간단한 작동 원리라고 생각합니다.

그는 1784년 10월에 편지한다.

새로운 중심 수직 운동은 기대 이상으로 응답하고 소음의 그림자를 만들지 않습니다.

그는 말한다.

운동하는 그것을 보았을 때, 마치 제가 다른 사람의 발명을 점검하는 것처럼 신기함의 모든 즐거움을 저에게 주었습니다.

빔 엔진이 보편적으로 물을 퍼 올리는 데에 사용되었을 때, 이 평행 운동은 큰 장점이었다. 오늘날에는 와트 시대에는 건설이 불가능했던 개선된 피스톤 가이드와 크로스헤드가 그것을 대체한다. 그러나 발명은 그것이 작동하는 원리를 이해하거나 그 개선의 부드러움, 질서 정연한 힘, "기분 좋은 단순함"을 목격했던 모든 사람의 찬사를 크게 뛰어넘을 정도는 아니었다. 이러한 점에서 그가 가장 아끼는 발명에 대한 그의 자부심은 완전히 정당화된다.

도로 증기차에 대한 자세한 사양은 이 특허의 주장을 마무리 짓지만, 일반 도로 대신에 철도라는 아이디어가 나중에 스티븐슨에게 증기 엔진차의 건설을 맡기게 된다.*

와트의 마지막 특허는 1785년 6월 14일이며,

> 그것은 분명 증기 엔진과 다른 목적에 적용될 수 있는 물과 다른 액체의 가열이나 끓임, 증발을 위한, 또는 금속과 광석을 가열, 융해, 제련해 연료로부터 큰 효과를 얻고 연기를 크게 방지하거나 소모하기 위한 용광로나 아궁이를 건설하는 새롭게 개선된 방법이었다.

와트가 말한 "나의 오래된 원리"는 오늘날에도 크게 작용한다. 와트에 의해 다양한 시기에 이루어진 개선은 수없이 많고, 그것들은 그의 엔진 효용을 크게 높였다. 그의 끝없는 고안들을 자세히 반복해 읊는 것은 무익한 시도일 것이다. 그렇지만 스로틀밸브, 조절기, 증기 게이지, 표시기는 매

---

* 싱클레어의 《기관차의 개발》은 스티븐슨의 발명가로서의 명성을 빼앗는 경향이 있다. 상업적 성공으로 선언된 헤들리의 "퍼핑 빌리"(1813년)는 매우 중요한 의미를 지닌다. 그러나 싱클레어는 스티븐슨이 거의 모든 사람에게 기관차를 소개한 것을 인정한다. 최종 평결은 헤들리를 인정하고 스티븐슨을 명예의 전당에서 추방하지 못할 것이므로, 우리는 쓰인 대로 문장을 전달하고 미래의 논쟁자들이 경쟁하는 주장을 조정하기로 넘긴다.

우 중요하다고 말할 수 있다. 뮤어헤드는 말한다.

스로틀밸브는 엔진을 시동 또는 정지하고, 증기 공급을 조절하기 위해 엔지니어가 직접 작동한다. 와트는 그것을 하나의 회전 심봉이 그 지름에 걸쳐 고정된 원형의 금속판으로 기술하는데, 그 판은 회전 심봉이 증기가 새지 않도록 맞춰진 모서리 위로 일정 두께의 금속 링에 있는 구멍에 고정되어 있으며, 그 링은 실린더 옆에 있는 증기 파이프를 연결하는 두 개의 플랜지 사이에 고정되어 있다. 밸브가 링의 바깥쪽과 나란히 있을 때 밸브의 입구는 거의 완벽하게 닫힌다. 그러나 밸브의 면이 링과 각을 지을 때는 밸브의 입구가 열린 정도에 따라 증기를 어느 정도 들어오게 한다. 그 결과 피스톤은 다소간의 힘에 의해 작동한다.

파핀은 화약을 증기보다 더 안전한 동력원으로 선호했지만, 그것은 "조절기"에 의해 자동으로 조절되기 전의 일이었다. 조절기는 내가 언제나 가장 좋아하는 발명품이다. 아마도 내가 완전히 이해했던 최초의 발명이기 때문일 것이다. 이것은 원심력 원리를 적용했고, 그것을 기계적으로 개선했다. 무겁게 회전하는 두 개의 공이 직립 막대 둘레를 돈다. 막대가 빠르게 돌면 공은 막대로부터 더 멀리 튀어나온다. 막대가 서서히 돌면 공은 막대를 향해 떨어진다. 적절하게 부착하면 증기를 받아들이는 밸브의 입구는 그에 따라 넓어지거나 좁아진다. 이렇게 엔진의 속도가 높아질수록 증기는 더 적게 들어오고, 엔진의 속도가 느려질수록 증기는 더 많이 들어온다. 따라서 원하는 균일한 속도를 낼 수 있다. 즉, 강철 압연기와 같이 한순간에 더 큰 일을 해야 한다면, 만약 철강 조각이 롤에 들어갈 때 속도가 확인된다면 밸브가 즉시 넓어져 증기가 엔진 속으로 더 많이 들어가며, 그 반대의 경우도 마찬가지다. 조절기가 등장하기 전까지 규칙적인 운동은 불가능했다. 증기는 제멋대로 구는 말이었다.

아라고는 증기 게이지를 이렇게 표현한다.

밑의 끝이 수은 수조에 잠겨 있는 짧은 유리관으로써, 보일러 증기 파이프에 고정된 철제 상자 안이나 증기와 자유롭게 소통하는 다른 부분에 놓여 있다. 수조 안의 수은의 표면을 누르면 유리관 안의 수은을 위로 올리는데(위의 끝에서 공기에 노출되어 있다), 그 높이는 공기의 탄성력에 대한 증기의 탄성력을 보여 주는 역할을 한다.

그는 표시기를 이렇게 표현한다.

 그 기압계는 수은의 변화로는 불가능하지 않을지라도 실린더의 배출 상태를 확인하기 어려울 정도의 작은 변화를 보이는 여러 시기의 엔진 스트로크에서 콘덴서의 배출 정도를 확인하기 위해 적용된다. 그러므로 변화에 영향을 덜 받아야 하면서도 거의 모든 시기에서 실린더에서 보이는 배출의 정도를 보여 주어야 하는 장치를 고안할 필요가 생겼다. 표시기라고 부르는 그 장치는 그 목적에 충분히 부합했다. 탁월하게 속을 파낸 지름 약 6인치의 원통형 실린더는 견고한 피스톤이 정확하게 장착되어 있어 약간의 윤활유로도 쉽게 미끄러진다. 피스톤 줄기는 실린더 축 방향으로 인도되므로 체증이 발생하지는 않지만 그 운동의 일부로 마찰을 일으킬 수 있다. 이 실린더의 바닥에는 실린더와 결합된 작은 꼭지 파이프가 있는데, 그 꼭지의 끝은 원추형으로 되어 있어 그 끝의 주위에 있는 엔진 실린더에 뚫려 있는 구멍 안으로 삽입할 수 있다. 그렇게 해서 그 작은 꼭지를 열면 실린더 내부와 표시기 사이에 통신이 이루어질 수 있다.
 표시기의 실린더는 크기가 그보다 두 배 이상이 되는

나무 또는 금속 프레임 위에 고정되어 있다. 나선형 강철 스프링의 한 쪽 끝은 스프링 강철자처럼 프레임의 상부에 부착되어 있고, 스프링의 다른 한 쪽은 표시기의 피스톤 로드 상부 끝에 부착되어 있다. 스프링은 표시기의 실린더가 완전히 배출되어 공기압이 바닥의 1인치까지 내려갈 수 있을 정도의 강도로 만들어진다. 피스톤 로드 꼭대기에 고정된 눈금, 즉 그것이 가리키는 곳은 피스톤이 완전히 배출되었을 때 배출된 동일한 용기와 통신하는 기압계의 관찰로 표시되며, 눈금은 그에 따라 나뉜다.

개선은 여러 방식으로, 때로는 수많은 생각과 실험 실패 후에 찾아온다. 때로 그것은 영리한 발명가들의 머릿속에 번쩍 떠오르지만, 그들이 오랜 세월 문제를 연구한 뒤에 비로소 그렇다는 것을 기억하도록 하자. 그러나 증기 엔진의 경우에는 매우 중요한 개선이 매우 흥미롭게 이루어졌다. 험프리 포터는 뉴커먼 엔진의 멈춤 꼭지를 켜고 끄기 위해 고용된 소년이었다. 그것은 단조로운 일이었다. 왜냐하면 모든 스트로크마다 한 번은 증기를 보일러로 보내고 다른 한 번은 증기를 압축하기 위해 차가운 물을 주입해야 했기 때문이다. 이것은 적절한 순간에 해야만 했고, 그렇지 않으면 엔진은 작동할 수 없었다. 그 소년이 그 힘든 일에서 어떻게 벗어날 수 있을까가 문제였다. 소년은 멀지 않은 곳에서 즐거운 소리를 내는 다른 소년과 놀 시간이 필요했고, 이것이 그를 생각하게 만들었다. 험프리는 움직이는 빔이 멈춤 꼭지들을 여닫을 수 있겠다고 생각해 즉시 그 꼭지들에 끈을 부착해 적절한 지점에서 빔에 묶었다. 그리하여 빔이 올라갈 때는 한 끈을 당기고 빔이 내려갈 때는 다른 끈을 당겼다. 이렇게 해서 아마도 최초의 자동 장치는 아닐지라도, 그곳에서 보았던 종류의 것으로는 최초의 자동 장치가 등장했다. 이후부터 증기 엔진은 증기의 공급과 응축을 스스로 완벽하게 규칙적으로 수행하는 장치가 되었다. 이런 특징에서 증기 엔진은 자동이 되었다.

포터의 끈들은 원하는 대로 위아래를 눌렀던 작은 못들이 있는 수직 막대들에 자리를 내주었다. 이것들은 오래전 다른 장치들로 대체되었지만, 그 모든 것들은 멈춤 꼭지를 켜는 것이 임무였던 평범한 소년이 고안했던 것의 단순한 수정에 불과했다.

이 조숙한 소년 발명가가 어떤 사람이 되었는지, 또는 그가 중요한 개선으로 적절한 보상을 받았는지를 아는 것은 흥미로울 것이다. 그러나 찾아봐야 소용이 없다. 그에 대한 언급은 발견되지 않는다. 그 대신 증기 엔진의 역사에서 소홀히 여겨졌던 기록을 고치는 데 최선을 다하도록 하자. 험프리 포터는 유일한 유명 소년 발명가로 유명한 사람들과 영원히 연관 지어져야 한다.

증기 엔진의 발전에서 우리는 순전히 우연한 발견을 했다. 초기 뉴커먼 엔진에서 피스톤 헤드는 움직이는 피스톤의 원형 윤곽과 실린더 내부 표면 사이의 공간을 물바다로 덮었다. 당시에는 실린더를 파내는 공구가 없었기 때문에 실린더의 표면은 불규칙했다. 엔지니어는 어느 날 엔진의 속도가 크게 빨리지는 것 때문에 깜짝 놀랐는데, 그 이유로 피스톤 헤드에 우연히 구멍이 뚫려 실린더에 냉수가 조금씩 떨어져 증기를 압축시키고, 그렇게 함으로써 신속하게 더 완벽한 진공 상태를 만드는 것을 발견했다. 이 우연한 발견으로 실린더 안으로 냉수를 분사하는 개선된 계획이 나왔고, 엔진의 스트로크는 크게 증가했다.

1783년은 와트의 발명으로 가득하다고 할 수 있는 가장 결실이 많았던 12년 중의 한 해였다. 그의 유명한 물의 구성에 관한 발견이 이 해에 출판되었다. 그에게서 이 발견의 명예를 빼앗으려는 시도는 완전한 실패로 끝났다. 험프리 데이비 경, 헨리, 아라고, 리비히, 그 외 많은 최고 권위의 사람들이 와트의 주장을 확고히 인정했다.

겸손한 와트의 진정한 위대함은 그 논쟁 중에 출판된 그의 편지와 논문에서 가장 섬세하게 드러난다. 와트는 4월 21일 블랙 박사에게 자신의 논문을 왕립학회에서 읽으라고 프리스틀리 박사에게 주었다고 편지했다. 그것은 지금까지 한 원소로 간주되고 이제는 화합물인 것으로 밝혀진 새로운 물의 개념을 포함했다. 따라서 과학의 역사에서 가장 훌륭한 발견 중 하나가 발표되었다. 그것은 새로운 시대의 시작, 물리화학에서 새로운 날의 새벽, 화학의 새로운 체계를 위한 정말로 진정한 기초라고 정당하게 명명되었다. 영 박사는 그것을 "인간의 솜씨로 이전이나 이후에 확인했던 어떤 단일한 사실보다 더 중요한 발견일 것이다"라고 했다. 뮤어필드는 다음과 같이 잘 말했다.

증기의 거대한 힘을 인간이 이용하는 데 철저히 복종시켰던 그에게 증기 화합물의 자연적이고 기초적인 원리를 풀어내도록 예약되었다는 것을 언급하는 것이 매우 흥미롭다. 마치 이 주제에 관해 그의 연구가 다루지 않은 것은 아무것도 없는 것처럼, 그가 다루는 것마다 칭송을 받지 않은 것은 없었다.

아라고는 말했다.

프리스틀리는 4월의 비망록에서 그의 전임자들이 했던 실험에서 나온 결과에 하나의 중요한 상황을 추가했다. 그는 산소와 수소의 폭발 순간에 용기의 측면에 침전된 물의 무게가 두 기체의 무게와 정확하게 동일하다는 것을 증명했다.

와트는 프리스틀리로부터 이 중요한 결과를 전해 듣고서 즉시 그 증거를 물이 하나의 단순한 몸체가 아니라는 것으로 인식한다. 그는 그 저명한 친구에게 편지해 묻는다.

귀하의 실험이 만든 것은 무엇입니까? 그것은 물과 빛과 열입니다. 그러므로 우리는 물이 잠열 또는 초열의 일부를 빼앗긴 산소와 가스의 두 가지 가스 화합물이고, 산소는 수소를 빼앗긴 물이지만 여전히 잠열 및 빛과 연합되어 있다고 권위 있게 결론을 내려야 하지 않을까요? 빛이 단지 열이 변형된 것이거나 열을 드러내는 단순한 상황이거나 수소의 한 구성 요소일 뿐이라면, 산소 가스는 수소를 빼앗긴 물일 것이며 그렇지만 잠열과 결합되어 있을 것입니다.

이 매우 명료하고 정확하고 논리적인 구절은 와트가 1783년 4월 26일에 보낸 편지에서 가져온 것이다. 그 편지는 프리스틀리에 의해 런던의 몇몇 과학자에게 알려졌으며, 그 후 바로 왕립학회장이었던 조지프 뱅크스 경에게 전달되어 그 식자층의 한 모임에서 읽혔다.

와트는 수년 동안 공기는 물의 변형이라고 여겨 왔다. 그는 1782년 12월 10일 볼턴에게 편지한다.

물이 벌겋게 또는 그 이상의 뭔가로 뜨거워질 수 있다면 아마도 물은 어떤 종류의 공기로 변형되었을 것입니다. 그 이유는 그 경우에 증기는 잠열을 모두 잃어버려 오롯이 현열로 바뀌었을 것이고, 아마도 유체의 본질이 완전히 달라졌을 것이기 때문입니다.

프리스틀리의 실험에 대해 듣고 한 달 후에 그는 블랙 박사에게 "물을 공기로 바꾸는 원인을 발견했다고 믿는다"라고 편지한다(1783년 4월 21일). 며칠 후 그는 프리스틀리 박사에게 편지를 쓴다.

가연성 및 탈플로지스톤 공기를 폭연하면 공기는 격렬하게 결합해 벌겋게 되고, 냉각하면서 완전히 사라집니다. 남는 유일한 고정물은 물이며, 물, 빛, 열은 모두 산물입니다. 우리는 물이 가연성 및 탈플로지스톤 공기로 이루어졌거나, 아니면 잠열의 일부를 빼앗긴 플로지스톤 공기로 이루어졌다고 결론을 내려야 하지 않을까요? 그리고 탈플로지스톤 또는 순수한 공기는 플로지스톤을 빼앗긴 물로 이루어져 있으며 열과 빛과 결합한다고 결론을 내려야 하지 않을까요? 그리고 빛이 단지 열의 변형이거나 플로지스톤의 구성 부분이라면, 순수한 공기는 잠열과 플로지스톤을 빼앗긴 물로 이루어져 있지 않을까요?

4월 21일 블랙 박사에게 보낸 편지에서, 와트는 그날 프리스틀리 박사에게 편지를 보내 왕립학회에서 읽는 것으로 나온다. 그러나 26일에 그는 데루크 씨에게 그 편지에서 몇몇 표현의 오류를 발견했다고 알리고서, 그 박사에게 하루이틀 내에 수정본을 보내겠다고 말한다. 그는 28일에 그렇게 한다. 수정된 편지(나중에 듀렉 씨에게 보낸 편지에 축약된 것과 동일하고 필로소피컬 트랜잭션스에 인쇄된)는 4월 26일 자로 되어 있다. 편지를 봉인하면서 와트는 "저 자신에 대해, 제가 말한 것을 더 많이 생각할수록 저는 그것에 더 크게 만족합니다. 왜냐하면 혐오스러운 사실은 전혀 발견하지 못하기 때문입니다."

이렇게 과학의 역사에 기록된 깜짝 놀랄 정도로 참신하며 그렇게 단순한 가장 놀라운 발견의 하나가 처음으로 발표되었다.

와트는 그 질문에 관한 모든 것을 습득했기 때문에 프리스틀리의 실험이 가져올 것을 예견했다. 그러나 이것을 프리스틀리에게 전달했을 때조차도 프리스틀리는 그것을 받아들이지 않았고, 새로운 실험을 한 뒤에 1783년 4월 29일 와트에게 편지한다. "당신의 아름다운 가설을 완전히 무너뜨린 한 기구의 수치를 놀라움과 분노로 바라보라." 그러면서 사용했던 기구의 모습을 펜으로 스케치해 보냈다. 실험자 자신이 해석할 수 없었던 그 메시지를 해독한 장인의 신속함을 주목하라. 그는 1783년 5월 2일에 답신한다.

저는 귀하의 실험이 저의 가설을 무너뜨렸다는 것을 부정합니다. 그것은 흙으로 만든 반박처럼 부서지기 쉬운 것에 기초한 것이 아니며, 공기로 변하는 물에 기초하지도 않습니다. 저는 다른 사실들에 기초해 그 가설을 세

왔습니다. 그리고 이 실험에 적합하게 맞추기 전에 그것의 개요를 매우 많이 잡아야 했습니다. … 저는 순수한 불연성 공기가 폭발한 뒤에 물이 다른 근원에서 온다는 것을 보일 때까지 제 가설을 유지합니다.

그는 또한 5월 18일에 데루크 씨에게 편지한다.

저는 프리스틀리 박사의 실험을 그가 하는 것과 동일한 견해에서 보지 않습니다. 그것은 저의 이론을 부정하지 않습니다. … 저의 주장은 간단합니다. 공기(즉, 탈플로지스톤 공기, 또는 산소, 핵심 공기, 순수한 공기, 단순한 공기로 보통 불리는 것)는 플로지스톤을 빼앗긴 물이며, 열과 결합합니다. 저의 가설은, 가연성 공기와의 가연을 통해 공기가 분해되고 그 남는 것 또는 산물은 오직 물과 열이라는 것에 기초합니다.

실험으로 이론의 정확성을 충분히 만족시킨 후, 그는 11월에 왕립학회에 발표할 완전한 문서를 준비하며 실험을 통해 그것을 증명할 때까지 그의 첫 번째 논문을 보류해 달라고 요청했다. 그는 이론의 정확성을 결코 의심하지 않았지만, 학회의 몇몇 회원이 그것을 사실로 뒷받침하는 것이 낫다고 조언했기 때문이다.

발견이 너무 대담했기 때문에 실험을 한 프리스틀리는 그것을 믿을 수 없었고, 와트에 의해 그 정확성을 확신받아야만 했다. 다른 주장자가 그것을 할 여지는 없었고, 누가 그것을 증명할 필요가 있는지에 대한 의심도 없었다.

와트는 외국 작가들이 화학에 관해 기술한 것을 연구하는 과정에서 다른 무게와 수치로 어려움을 겪었는데, 그것은 우리에게 여전히 남아 있는 심각한 불편이기도 하다.

그는 1783년 11월 키르완 씨에게 편지했다.

저는 같은 언어로 말하기 위해 무게와 수치를 낮추는 데에서 크게 어려움을 겪었습니다. 그리고 독일 실험의 많은 부분은 제국의 다른 부분에서 다른 무게와 다른 척도를 쓰기에 더 어려웠습니다. 따라서 이러한 어려움을 없애고 모든 이학자가 똑같은 방식으로 나뉜 파운드를 사용하는 것이 매우 바람직합니다. 그리고 귀하와 프리스틀리 박사, 그리고 몇몇 프랑스 실험자가 이에 동의한다면 그것은 성취될 것으로 봅니다. 그 효용은 너무 분명해 모든 생각 있는 사람은 즉시 그것을 확신할 것입니다.

그의 계획은 이랬다.

이학적 1파운드는 10온스이거나 10,000그레인이다. 1온스는 10드라크마이거나 1,000그레인이다. 1드라크마는 100그레인이다.

모든 탄성 유체를 온스로 측정하도록 합시다. 이를 통해 다른 세제곱인치의 평가를 피할 수 있고 특정 중력의 보편적 십진수표는 탄성 유체의 무게를 즉시 나타낼 수 있을 것입니다.

모든 이학자가 1파운드 또는 1그레인에 동의하지 않는다면 자신만의 파운드나 그레인을 취하게 합시다. 그것은 약의 처방 외에는 아무런 효과가 없을 것이며, 지금 하는 것처럼 반드시 수정되어야만 합니다. 그러나 동일한 파운드를 사용하는 것이 훨씬 나을 것입니다. 저는 현재 유럽에서 가장 보편적인 암스테르담이나 파리의 파운드를 표준으로 취할 것을 제안합니다. 우리의 109상형파운드는 파리의 100입니다. 우리의 1상형파운드는 7,000그레인이고, 파리의 1상형파운드는 우리의 7,630그레인입니다. 그렇지만 파리의 그레인으로는 9,376입니다. 따라서 10,000으로 척도를 한다면 파리의 그레인에는 거의 아무런 영향이 없을 것입니다. 저는 파운드가 매우 일반적이고 그레인은 지역적이라고 믿기 때문에, 파리 그레인으로 시작하는 것보다 파운드를 새롭게 나누는 것을 선호합니다.

프리스틀리 박사는 이 제안에 동의했으며, 귀하께서 이에 동의하지 않는다면 파운드를 고집하라고 했습니다. 저는 귀하께서 이것을 편리하다고 여기어, 이것을 보편적인 수단으로 만들어 귀하와 조화를 이루면 행복하겠습니다. … 저는 피트가 펜듈럼과 물의 척도로 고정되고, 파운드는 거기에서 파생되었으면 하는 바람이 있습니다. 그렇지만 최소한 그 중간 단계로 십진수 산법이 사용되는 한 그 성격을 반드시 이해할 수 있는 적절한 척도를 취해 보도록 합시다.

그는 나중에 마젤란에게 보낸 편지에서 이렇게 썼다.

저는 정확한 피트나 파운드가 화학에 그렇게까지 중요한 것이라고 보지는 않습니다. 귀하의 제안에 따라 일반적인 영국식 피트를 쓸 수도 있습니다. 그것은 1세제곱피트가 정확히 1,000온스이고, 그 결과 현재의 피트가 유지된다는 이점이 있습니다. 또는 1분에 1,000번을 진동하는 펜듈럼이 표준으로 채택될 수도 있습니다. 이것은 14.2피트를 우리의 현재 인치로 만들 것이며, 세제곱피트는 매우 정확히 1부셸이 되고, 현재의 파운드로는 101이 될 것입니다. 그 결과 현재의 파운드는 별로 바뀌지 않을 것입니다. 그러나 이 계획을 따르면 피트는 너무 커질 것이고, 그 계획에 따라 모든 피트 치수와 사물을 바꾸는 불편함은 모든 파운드, 부셸, 갤런 등을 바꾸는 것보다 훨씬 클 것입니다. 따라서 저는 피트와 온스를 유지하는 계획을 선호합니다.

표준을 차지하려는 전쟁은 여전히 맹렬하다. 미터법이나 십진법, 그렇지만 변화는 없다. 각 나라마다 자신들의 표준이 충분히 유효하다고 생각한다. 혼돈에서 벗어나기 위해 언젠가 국제 위원회가 분명 모일 것이다. 영어를 사용하는 종족에 관한 한, 결정적인 개선은 매우 사소한, 실제로는 거의 인식할 수 없는 변화로 쉽게 영향을 받을 수 있다. 특히 돈 가치가 그렇다. 영국은 화폐 시스템을 미국 및 캐나다와 병합할 수 있었다. 단순히 "파운드"를 미국의 5달러와 같게 만드는 것만으로도 지금보다 10펜스가 적게 된다. 영국의 은화 1실링과 2실링은 25센트 동전과 0.5달러와 같다. 현재의 동전은 제시에 따라 다시 주조되어야겠지만, 그러는 사이 유통이 지나간다. 무게와 수치는 동화하기 더 어렵다. 과학은 세계적인 것이고 척도를 모르기 때문에 동일한 용어를 써야 한다. 아! 우리는 거의 1세기 반 만에 와트 시대보다 보편적 무게 척도의 전망에 더 가까워 보이지만, 그 모든 것에 대한 와트의 생각을 놓쳐서는 안 된다. 그는 앞으로 올 일을 종종 보았던 선견자였다.

우리는 와트의 힘든 인생에서 휴일이라고는 없었다고 말했지만, 버밍엄은 유명한 월야회(月夜會: Lunar Society)를 결성한 수많은 큰 인물들에게 주목할 만한 곳이었다. 그 모임의 회원들은 지식 추구에 헌신했고 서로에 대해 상냥했다. 와트와 볼턴 외에, 산소 가스의 발견자인 프리스틀리 박사가 있었다. 다윈 박사, 위더링 박사, 키어 씨, 갈턴 씨, 웨지우드 도기로 명성이 있었던 웨지우드 씨가 각자의 집에서 매달 저녁 식사 모임을 했다. 그런 이유로 "월야"회였다. 1780년 버밍엄에 도착한 산소의 발견자 프리스틀리 박사는 와트를 한 이웃에게 데리고 갔던 즐거움을 반복해서 언급한다.

나는 버밍엄에 정착한 것을 내 인생에서 가장 행복한 사건이라고 생각한다. 그곳은 나의 학문적 또는 철학적 견해에 매우 호의적인 곳이었다. 학문적 면에서 나는 모든 부류의 훌륭한 일꾼과 화학 지식에 관한 저명한 인물과 어울릴 수 있는 편리를 누렸다. 특별히 와트 씨, 키어 씨, 위더링 박사가 그들이다. 이들과 볼턴 씨, 린치필드에서 더비로 이사 가는 바람에 자리를 곧 떠났던 다윈 박사, 갈턴 씨, 이후로 존슨 씨와 매달 저녁 식사를 같이 했고, 그런 이유로 우리는 그 모임을 월야회라 불렀다. 이유는 우리가 모일 때가 보름달이 뜨는 날 언저리였기 때문이다.

그는 다른 곳에서 이렇게 말한다.

그때 모인 이유는 집으로 돌아오는 길이 밝아서 좋았기 때문이다.

리처드 로벨 에지워스는 이 유명한 집단에 대해 이렇게 말한다.

키어 씨를 통해 나는 모든 사람으로부터 존경을 받는 버밍엄의 스몰 박사를 알게 되었고, 비범한 열정으로 사랑하는 그의 인간관계의 모든 사람들 속으로 들어가게 되었다. 스몰 박사는 볼턴 씨, 와트 씨, 다윈 박사, 웨지우드 씨, 데이 씨와 나를 연결하여 주었다. 그들 모두는 매우 다른 성격이었지만 문학과 과학에 헌신된 사람들이었다. 이들의 상호 친밀감은 죽음 외에는 결코 깨질 수 없는 것이었으며, 과학이나 문학에서 자신을 드러내지 못하는 사람은 아무도 없었다. 누군가는 나 자신을 빼는 것이 당연한 겸손이라고 생각할 수 있다. 키어 씨는 세계에 대해 박식하며 훌륭한 감각을 지니고 있다. 스몰 박사는 자비로우며 매우 현명하다. 웨지우드 씨는 그의 번창하는 사업과 더불어 다양한 것을 실험하고 차분히 연구를 진행한다. 볼턴 씨는 기동성이 있으며 인식 능력이 빠를 뿐만 아니라 대담하기까지 하다. 와트 씨는 강한 발명 능력과 함께 우직하게 차분하며 대담한 자질이 있다. 다윈 박사는 상상력이 있으며 과학과 시에 탁월하다. 데이 씨는 진실을 찾는 지치지 않는 연구, 정직성과 웅변력이 있다. 이 모든 것을 합할 때, 그런 재능이 있는 사람들과 함께 사는 것은 흔치 않는 축복이다. 그런 사람들과 친구가 되고 계속 지내는 것은 여전히 흔치 않은 행복이다.

그 모임은 1800년이 시작될 때까지 존재했다. 와트가 마지막까지 생존했던 회원이었다. 그 모임에 대한 마지막 언급은 프리스트리 박사가 1793년에 했던 헌사로 "물로부터 공기의 생성에 관한 실험"이라는 연구에 나온다. 그는 말한다.

버밍엄에서 이사한 관계로 여러분의 모임에 더 이상 참석할 수 없는 것보다 더 후회되는 일은 없습니다. 그 모임은 저를 격려하고 계몽했습니다. 제가 학문적으로 이루었던 것은 당연히 저에게 돌려야 하는 것만큼 여러분에게도 그 공로를 돌려야 합니다. 저는 즐거운 모임에 결코 제 의지로 불참한 적이 없으며, 그 기쁜 기억을 역시 잊지 않을 것입니다. 만약 우리가 서로 멀어지는 것이 서로 떨어져 있는 것보다 더 멀게 한다면, 저는 우리가 과거에 나누었던 이야기들을 더 생각하고 더 아쉽게 여길 것입니다. … 학문은 우리를 완전히 사로잡았습니다. 정치인들은 즉시 관심을 끌게 하는 것 외에 결과를 내는 어떤 대상도 없다고 생각할 것입니다. 그러나 그들이 생각하는 것보다 훨씬 뛰어난 대상들이 우리의 관심을 끌었으며, 그것들에 대한 토론은 정치인들에게는 낯선 만족감을 동반했습니다. 정치인들이 추구하는 것이 고요한 것이라면 세계는 행복할 것입니다. 그리고 그들이 쫓는 대상은 무익하며, 그것은 우리에게와 마찬가지로 인류에게도 친절하게 최선의 이익일 것입니다.

동업자인 볼턴과 와트가 일상의 삶에서 그런 기쁨을 누렸다는 것을 알고서 모두가 기뻐할 것이다. 그것은 모든 돈벌이도 아니고 강렬한 발명도 아니었다. 재능 있는 사람들의 모임이었고, 상호 존중의 높은 영역에서 우정의 평화로운 분위기, 모두에게 최고의 휴식이었다.

1786년에는 그들의 일상에 상당한 휴식이 있었다. 그해에 볼턴과 와트는 그들의 증기 엔진을 독점권의 조건으로 설치하는 제안을 성취하려고 파리를 방문했다. 그들은 또한 말리의 위대한 유압 기계에 대한 개선을 제안하기도 했다. 시작하기 전에, 경이롭고 애국적인 와트는 볼턴에게 편지한다.

만약 우리 중 누가 프랑스에 간다면 우리는 먼저 피트 씨(총리)를 만나 거기에 온 이유를 알려야 합니다. 그래야 우리를 헐뜯는 소리를 없애고 모든 부당한 의심을 제거

할 수 있습니다. 모두가 우리를 가지려 하거든요!

  그들은 파리에 엔진 사업을 세우기를 바라는 듯이 보였던 파리 정부의 환대를 받았다. 하지만 그들은 프랑스의 이익에 반하게, 그렇게 하기를 단호히 거절했다. 우리 시대에 우리가 그렇게 꼼꼼하지 않은 것이 두려울 수 있다. 한편, 이제 거절은 아무런 효과가 없을 것이다. 모든 국가가 모든 종류의 제품을 생산할 수 있는 기계를 만들 계획과 전문가까지도 쉽게 구할 수 있기 때문이다. 자동화 기계는 이른바 숙련노동에 대한 필요를 거의 없애 버렸다. 동인도인, 멕시코인, 일본인, 중국인, 모두 몇 달의 경험으로도 다소 효율적인 근로자가 된다. 따라서 제조는 전 세계적으로 급속하게 확산되고 있다. 모든 국가는 애국적 의무로 필요하다면 그들의 천연자원을 잠시 보호하면서 발전해도 된다. 시련이 장기간에 걸쳐 진행될 때만 풍부한 천연자원을 최선으로 가장 싸게 파는 것을 결정할 수 있다.

  파리를 방문해 와트와 볼턴은 과학계의 최고 저명인사들과 얼굴을 트게 되었고, 나중에 자주 우정어린 편지로 아이디어를 교환하였다. 와트는 때로 자신을 "아침부터 밤까지 버건디를 마시며 과분한 칭찬을 받았다"라고 표현했다.

과분한 칭찬은 언제나 우리의 주제와 어울리지 않는 것이다. 그것은 자기를 내세우지 않는 겸손한 천재가 이룩한 것을 언급할 뿐이다.

파리에 있을 때 베르톨레는 와트에게 염소를 이용한 새로운 표백 방법에 관해 말했다. 와트는 그에게 자기의 장인(丈人)과 그것에 대해 이야기하도록 주선했다. 장인은 사업에 그 방법을 채용했는데, 오랜 실험의 결과 와트의 발명을 개선한 것도 몇몇 함께 채용하기도 했다. 와트는 1787년 4월 27일 장인 맥그리거 씨에게 편지한다.

그 발명가는 화학자이자 파리 과학 아카데미의 회원이자 물리학자입니다. 그는 거부는 아니지만 매우 겸손하고 주목할 만한 사람이며 훌륭한 화학자입니다. 이 일에 개입하는 저의 유일한 동기는 기술에서 광범위한 발견을 한 유능한 사람에게 그런 보답을 하려는 것이고, 부차적으로는 장인 어르신께 이익이 있을 거라고 보았기 때문입니다. 저와 관련해서는 아무런 이익이 없습니다. 저와는 맞지 않거든요. 더 진지한 사업에 걸맞지 않을 때는 제 사업과 건강에 오락을 줄지도 모르는 것 이상으로는 추구할 수 없습니다. 최근에 그 발명가로부터 온 편지에서, 그는 이익 관점에서 추구했던 모든 의도를 포기한다고 알려 왔습니다. 그는 사업에 종사함으로써 고요와 행복을 포기하고 싶지 않다고 하더군요. 그는 아마 옳을 것입니다. 그러나 그 발견이 제가 이해한 것처럼 진정으로 이점이 있다면, 그는 후한 보상을 받을 자격이 분명 있습니다. 그리고 저는 그를 위해 매입하는 것이 영국의 명예가 될 것을 희망합니다. 그렇지만 저는 장인 어르신께서 그것을 언급하는 방식으로는 그의 승낙을 얻을 만한 가치가 있는 것은 아무것도 없지 않을지 걱정됩니다.

프랑스는 이처럼 발명으로 생기는 이익을 삼갔던 과학자들로 유명하다. 파스퇴르는 오늘날 가장 유명한 사람으로, 소박할 뿐 아니라 이상적으로 살면서 인류의 안녕을 위해 힘들게 봉사했다. 그는 호사스러운 삶에 따르는 사치, 궁전, 부동산, 그리고 호사스러운 삶에 따르는 모든 피할 수 없는 관심사로부터 벗어나 단순하게 살았다. 베르톨레가 그보다 앞섰다. 아가시와 마찬가지로 이 재능있는 영혼은 "너무 바빠 돈을 벌 여유가 없었다."

1792년 볼턴이 70세를 넘기고 와트가 60세를 넘겼을 때, 그들은 수년 동안 그들에게 깊은 걱정을 안겼던 것에 대해 중대한 결정을 내린다. 다행히도 최근에 사업에 입문한 베테랑의 아들들은 사업을 관리하는 데 큰 능력을 입증했고, 그 결과 부모들의 노고와 여정을 크게 덜어 주었다. 볼턴과 와트는 먼저 친구가 된 뒤 동업자가 된 것이 동업 관계에 정말로 행운이었다. 그들에게 재능 있는 아들들이 있었던 것도 적지 않은 행운이었다. 자식들 또한 그들의 아버지처럼 친구와 동업자가 되었다. 그 결정은 특허권을 침해한 자에 대해 어떻게 할지에 관한 결정이었다. 그들은 권리를 보호하기 위해 법에 호소해야 했다.

와트는 발명가로서 피할 수 없는 운명을 만났다. 그가 이룬 개선의 독창적 권리를 반박하는 경쟁자들이 여러 방면에서 나타났다. 발명에 대한 경쟁자의 청구는 대부분 반박할 필요가 없었다. 몇몇 훌륭한 결과는 가능성의 범위 내에서 인식되며, 그 결과가 이루어졌을 때 기존의 방식에 혁명을 일으킬 것이다. 독창적인 사고를 하는 사람은 문명화된 세계의 문제를 연구한다. 매일 새로운 아이디어가 깜빡이며 떠오르다 사라지거나, 검토 후에 폐기된다. 언젠가 동일한 아이디어를 약간 수정한 것으로 이룬 성공의 발표 소식이 들리며, 비록 약간의 수정이나 추가일지라도 이것이 성공과 실패의 차이를 만든다. 그 사람은 보물 창고의 문을 여는 열쇠를 가지고 온 것이다. 그는 아마도 달걀의 끝을 쪼는 분명한 계획으로 달걀을 세운다. 각자 그 장치를 오래 전에 생각했다고 격렬하게 주장하는 사람들이 무리를 짓는다. 분명 그들은 그렇게 했다. 그들은 항의에 정직하며, 와트가 아니라 그들이 본래의 발견에 대한 명예를 누릴 자격이 있다고 스스로 충분히 설득되었다. 오늘 아침에 우리는 신문에서 모스의 아들이 보낸 편지를 읽는다. 그는 자신의 아버지가 전신의 아버지로 불릴 자격이 있다는 것을 입증한다. 아버지의 협력자였던 베일의 아들이 모스가 아닌 자기의 아버지가 진짜 발명가라고 주장했기 때문이다. 미국 대법원은 의회와 대통령의 결정을 뒤집을 수 있기에 가장 위엄이 있다. 대법원은 그 시작부터 희귀한 지혜를 보여 주었는데, 발명가의 권리와 관련해서 어떤 부서도 더 분명하게 드러내지 않았다. 어떤 법원도 특허 주장과 관련해 그런 경험을 한 적이 없다. 어떤 나라도 그런 것의 10분의 1도 다루지 않았기 때문이다. 대법원의 역사를 통틀어, 대법원은 점점 더 두 가지의 요점에 중점을 두었다. 첫째, 그 발명은 가치가 있는가? 둘째, 누가 이것을 실제로 행해지고 있는 곳에서 증명했는가? 이 두 가지 요점이 그 결정을 좌우한다.

  소송 비용도 와트와 볼턴이 보기에는 터무니없어 보였다.

오늘날에 비해 낮은 당시의 물가를 고려해도 그렇다. 한 변호 비용은 3만 달러에 달해 나중에 와트는 "런던 변호사의 체면을 떨어뜨리지 않을 정도의" 터무니 없는 금액이라고 말했다. 그렇지만 그것은 4년 동안의 수임료였고, 그 런던 변호사가 달리 보이는 것을 발견했다. 와트는 친구 블랙 박사에게 1797년 1월 15일 편지한다. "모든 사안에서 우리 친구들과 젊은이들이 보인 끊임없는 열정과 활동에 저는 진심으로 감사합니다."

첫 번째 재판은 1793년 6월 22일 종료되었으며, 배심원은 특허의 유효성에 관한 법원의 견해에 따라 와트와 볼턴의 손을 들어 주었다. 1795년 5월 16일, 불행히도 그 사건에 대한 재판은 법원의 의견이 나뉘어 2명은 특허를 인정하고 2명은 인정하지 않았다. 또 다른 사건이 1796년 12월 16일 순회 주심 대법관 및 특별 배심원과 함께 열렸다. 평결은 원고의 손을 들어 주었다. 오류가 있는 문서에 대한 소송은 이전에 두 사건에서 혐오스럽고도 완전하게 논쟁을 벌였던 4명의 판사들이 만장일치의 의견을 내는 결과를 확증하는 효과가 있었다.

와트의 글래스고 청년 시절 절친한 친구였던 로빈슨 교수의 증언은 판사와 배심원에게 깊은 인상을 주었고, 결정적인 영향을 끼친 것으로 이해된다.

따라서 와트의 모든 주장은 승리를 거두었다. 이러한 결정은 영국의 특허법에 항상 중요하게 고려되었으며, 그 결과 와트와 볼트의 회사에 금전적으로 큰 결과를 주었다. 실제로 피고인은 거대한 손해와 비용을 물어야 했고, 다른 수많은 특허 침해자들도 손해에 대한 책임을 졌다. 그러나 예상했던 대로 회사는 승리의 시간에 자비를 베풀고 쓰러진 적을 심하게 처벌하지 않는 것이 중요한 미덕이라는 것을 기억했다. 그들이 만든 화해는 모두에게 가장 관대하고 만족스러운 것으로 여겨졌다. 와트는 그 후로도 자주 그의 특허 사양을 그의 시련을 많이 겪은 오랜 친구로 언급했다. 그렇게 그것을 실제로 증명했고, 그것의 훌륭한 효용에 대한 언급이 많이 만들어졌다.

새로운 세기의 시작과 함께 볼턴과 와트의 동업 관계는 25년의 시간이 지난 후 1769년과 1775년의 특허가 그랬던 것처럼 1800년에 만료되었다. 동업 관계의 조건은 특허 기간과 고정되었다. 황금기의 청년기에, 와트는 40세, 볼턴은 50세였을 때 그들은 손을 맞잡았고, 25년 동안 끊임없이 걱정하는 수고를 한 뒤 아들들에게 사업을 넘기고 사업의 걱정과 문제에서 벗어났다. 따라서 그들의 동업 관계는 갱

신되지 않았지만, 각자의 주식은 그들의 아들 제임스 와트 주니어, 매슈 로빈슨 볼턴, 그레고리 와트 사이의 새로운 동업 관계의 기초로 합의되었다. 이들은 비범한 능력으로 눈에 띄었으며, 이미 사업에 대해 충분히 알고 있어 그들의 현명한 아버지들은 그들에게 사업을 맡길 수 있었다.

이 두 현명한 아버지들이 한 것 중에서 그들의 아들과 관련해 했던 현명하고 선견지명이 있는 정책보다 더 큰 지혜를 보인 것은 없다. 그들은 사회가 가치에 대해 지불하는 그런 유용한 일에 힘을 쏟을 것을 가르쳤다. 그들은 분명 그런 가르침을 받았고, 그것은 아들들에게 가장 행복하고 최선의 삶으로 결론이 났다. 그들은 아들들이 귀중한 젊은 시절을 목적 없는 바보 같은 짓에 낭비해 훗날 실망스럽고 굴욕적인 노년기가 따라오지 않도록 했다.

따라서 볼턴과 와트의 동업 관계는 아들들의 연합으로 새롭게 되었다. 4년 후 그레고리 와트의 이른 죽음은 아버지에게 큰 충격을 주었다. 그레고리는 과학과 문학에 대한 높은 추구에서 뛰어난 재능을 보였고, 큰 기쁨을 얻었으며, 큰일을 이룰 것이 예견되었기 때문이다. 사업은 다른 두 아들과 함께 변함없이 40년 동안 계속되었는데, 노인이 되어 아버지들처럼 은퇴할 때까지 훌륭한 관리자임을 입증했다.

그들은 모든 사람에게 엔진을 개방한 특허의 만료에도 불구하고 사업에서 이전보다 더 많은 수익을 올렸다. 실제로 본래의 동업 관계가 끝나갈 무렵, 그리고 특허 소송에서 얻은 승리에 따라 회사는 와트의 온건한 욕구를 충족시킬 만큼 충분히 수익성이 있게 되어, 그의 아들들에게 확실한 수입원을 줄 수 있게 되었다. 이것은 그의 모든 바람을 충족시켰고, 그를 오랫동안 괴롭혔던 가족 부양에 대한 두려움을 제거했다.

소호가 계속해서 성공한 것은 분명 새로운 동업자들 때문이다. 그들은 훌륭한 조력자를 두고 있었지만 그중에서 가장 높은 지위는 머독이 차지하는데, 그는 수년 동안 와트의 능력 있고 충실하고 존경받는 사람이었다. 그는 지적이었고 독립성이 강해 그의 존경받는 주인이자 친구였던 와트와는 조금도 닮지 않는 것으로 비쳤다. 그는 소호의 공식 동업자가 아니었다(우리가 보았듯이 그는 동업 관계를 거절했다). 그는 아들들에 의해 동업 관계에 발을 들였고, 아무런 위험 없이 연간 5천 달러를 받았다. 1830년부터 평화로운 은퇴 생활을 했고, 1839년에 세상을 떠났다. 그의 유해는 친구와 고용주인 와트와 볼턴 근처(그가 가장 원했을 수 있는 한 곳)의 핸드 워스 교회에 안장되었다. "찬트리가 만든 흉상은 그의 남자다운 지적 특징과 이 특징을 즐거운 표시로 받아들였던 이들의 마음에 기억을 남긴다. 우리는 와트와 볼턴을 상상할 수 있다. 그들은 적절하게 함께 누워 친구이자 직원을 환영한다. "잘 하였도다. 착하고 충성된 종이여!" 머독은 그 사람이었고, 존스 대장은 그의 동료였다.

우리는 와트의 스크루 프로펠러에 대한 제안과 1770년 9월 30일 스몰 박사에게 보낸 스케치에 대해 언급했다. 증기에 대한 그보다 이전의 제안에 대한 유일한 기록은 1736년 조너선 헐스의 기록이며, 그는 1737년 런던에서 "항만, 항구 또는 강에서 선박을 바람 또는 조류에 맞서, 또는 차분히 운반하기 위해 새로 발명한 기계의 설명 및 초안"이라는 제목의 팸플릿에서 그것을 명시했다.

그는 뉴커먼 엔진을 장착한 대형 바지선을 예인선으로 사용했으며, 전쟁선을 견인하면서 팬 (또는 외륜) 바퀴가 달린 것으로 설명했지만, 더 진전된 것으로는 보이지 않는다. 이 주제에 관해 윌리엄슨 씨는 이렇게 말한다.

지난 1816년 그리닉을 마지막으로 방문했을 때, 와트 씨는 그의 친구 워커쇼 씨 - 글쓴이가 몇 년 후 그 상황과 연관이 있다고 들었던 사람 - 와 함께 로스세이에 이르기까지 멀리 증기선으로 항해해 그리닉으로 돌아왔다. 그것은 하루의 대부분을 차지하는 여행이었다. 와트 씨는 배의 엔지니어와 대화를 시작해 엔진을 "지지하는" 방법을 알려 주었다. 그는 자로 그가 의미하는 것이 무엇인지를 보여 주었다. 그러나 결국 열정의 충동에 사로잡혀 외투를 벗고 엔진에 직접 손을 댄 채 자신의 강의를 실제로 보여 주었다. 이전에는 증기선 엔진의 "백스트로크"가 무엇인지 모르거나 일반적으로 알려지지 않았다. 보여 주었던 것은, 선박이 계류 지점에 도달하기 전에 상당한 시간 동안 엔진을 완전히 멈추고 속력을 점진적으로 자연스럽게 감소시키는 것이었다.

1856년 크림 전쟁이 끝날 때 스핏헤드에서 해군의 검토는 최고조에 달했다. 250척 중 10척은 여전히 증기 동력이 없었지만, 거의 모든 다른 것은 스크루 - 1770년 와트의 편지에 나온 나선형 노 - 로 추진되었다. 그 발명가에게는 기념할 만한 날이었다.

로빈슨이 아이디어를 그에게 던진 이후로 증기 엔진차에 대한 와트의 초기 관심은 절대 사라지지 않았다. 1768년 8월 12일, 스폴 박사는 와트에게 보낸 편지에서 "증기 엔진차에서 특별한 개선이 있었던 것"을 언급한다. 7개월 후에 그는 와트에게 "한 무어인이 증기로 바퀴를 움직이는 차에 관한 특허를 취득했다"라고 말하면서 "이것은 당신의 지연이다. 될 수 있는 대로 빨리 잉글랜드로 와라"라고 덧붙였다. 와트는 "리넨을 머리에 두른 무어인이 내 엔진을 사용해 마차를 운전하지 않는다면 증기로 운전할 수 없다"라고 대답했다. 그는 정확히 맞는 말을 했다. 증기선과 마찬가지로 증기 엔진차에서도 그의 증기 엔진은 없어서는 안 될 동력이었다. 1786년에 그는 어느 정도 크기의 기차 모형이 있으며 "하느님께서 이 기차에 기적을 일으키신다면 내가 시도해 볼 의향이 있다"라고 말한다. 와트의 의심은 일반 도로에서 20파운드의 석탄과 2세제곱피트의 물을 가지고 1마력을 만들 것이라는 사실에 기초를 두었다.

절반 정도 은퇴했을 때, 와트의 또 다른 오락은 램프의 개선이었다. 그는 1787년 8월에 그 주제에 관하여 아르곤 버너의 유명한 발명을 썼으며, 대성공을 입증한 몇몇 램프를 만들었다. 다음 해 그는 액체의 비중을 결정하는 도구를 발명했는데, 이것은 일반적으로 채택되었다. 와트의 발명 중 하나는 망원경으로 거리를 쉽게 측정할 수 있는 새로운 방법으로, 운하에 대한 다양한 조사를 할 때 사용되었다. 그런 도구들은 일반적으로 오늘날에도 사용된다. "채굴"(10판, 228페이지)에 관한 브로의 논문은 그것들을 완전하게 설명하며 "이 부류의 최초의 도구는 1771년 제임스 와트에 의해 발명되었다"라고 언급한다.

한가한 시간에 와트는 이중 평행자를 사용해 원근감 있게 그림을 그릴 수 있는 독창적인 기계를 발명했다. 그것은 당시에 와트 외에는 거의 알지 못했고 전혀 사용하지 않았다. 와트는 이 기계를 50~80대 만들어 전 세계 여러 지역에 보냈다고 한다.

1810년 와트는 베르톨레에게 자신의 건강 때문에 여러 해 화학 실험을 할 수 없었다고 알린다. 그러나 그는 게으를 수 없었다. 그는 무언가에 애써야만 했다. 그가 종종 말했듯이 "취미(hobby-horse)가 없다면 인생이 무엇인가?" 그런 말이 전해지긴 해도, 우리는 여기서 horse는 가필한 것이라고 결론을 내릴 수 있다. "말"과 "취미"의 차이는 극렬하다. 사람은 말에서 내릴 수 있다.

와트의 다음 "취미"는 다행히도 몰두하는 일이 되어 그를 깨어 있게 했다. 그것은 조각을 복제하는 기계였다. 그는 파리에서 메달의 금형을 베껴 키우는 기계를 보고서 다른 기계를 고안했다. 많은 노고와 실험 끝에 그는 어떤 성공치를 언어, 옐로우 우드로 로크의 큰 두상과 친구 애덤 스미스의 작은 두상을 만들었다.

와트는 오랫동안 새로운 취미가 만들어지던 다락방에서 새로운 취미에 몰두했지만, 그 다락방은 여름에는 덥고 겨울에는 추웠다. 1810년 3월 14일, 그는 베르톨레와 레베크에게 편지한다.

저는 여전히 기계학을 조금 하고 있습니다. 그중 일부는, 제가 그것을 완성할 정도로 산다면, 프랑스에 있는 제 친구들과 소통하는 영예를 누리게 될 것입니다.

그는 꾸준히 진척시켰고, 1814년에 몇몇 훌륭한 복제를 하는 데 성공한다. 그는 사포* 하나를 만들면서 여러 부분에 날과 시간을 들였다. 어떤 트집 잡기 좋아하는 안식일 엄수주의자들은 그가 "8분의 1인치 드릴로 사포의 가슴을 만드는 데" 투여한 한 시간의 날이 바로 안식일인 것을 발견했다. 이것은 엄격한 스코틀랜드 맹약자 가문에 속한 사

---

* 사포(Sappho): 기원전 600년경의 그리스의 여류 시인으로 동성애자였다고 한다. - 역주

람이 명예에서 슬프게 떨어지는 것을 보이는 것이었다. 그렇지만 그는 당시 건강이 불안정해 화학 실험을 할 수 없어 기계적인 일에 깊이 몰입했다. 그리고 아마도 폭풍우가 몰아치던 날(1811년 2월 3일)에 "악마는 여전히 게으른 손에서 불행을 찾는다"는 것 또한 알았을 것이다. 그렇다면 독자는 그가 저항할 수 없는 유혹에 넘어간 것을 용서할 것이다. 비록 신성한 안식일에 그를 사로잡았던 취미에서 "빠져나올" 수 없었을지라도 말이다.

모든 내용을 담은 위대한 노동자의 역사적인 마지막 작업장은 그가 죽자 그대로 대중에게 공개되었다. 셰익스피어의 출생지, 번스의 오두막, 스콧의 애버츠퍼드처럼 여러 나라에서 온 순례자들이 이곳을 방문한다. 우리는 독자에게 와트의 다락방을 순례지에 추가할 것을 권유한다.

8장
증기 엔진의 기록

소호는 1824년 1월까지 2만 5945의 명목 마력을 지닌 1164대의 증기 엔진을 완성했다. 1824년 1월부터 1854년까지는 2만 5278의 명목 마력에 441대의 엔진을 완성해, 총 1605대의 엔진에 명목 마력은 5만 1223, 실제 마력은 16만 7319를 기록했다. 멀홀은 1888년 세계의 총 증기 동력을 5015만 마력으로 제시한다. 1880년에는 3415만에 불과했다. 따라서 8년 동안 50퍼센트 증가했다. 비슷한 기간인 1888년에서 1905년까지 동일한 증가율을 가정할 때 오늘날 7500만 명목 마력에 해당하며, 엥겔은 그것을 유효 동력의 절반으로 간주할 수 있다고 말하며, 따라서 1905년의 실제 마력은 1억 5000만이 된다(멀홀 《증기》 546페이지 참조). 1마력은 분당 12인치의 높이로 10톤을 들어 올린다. 8시간을 일하면 하루 약 5000톤이거나 남자가 하는 일의 12배이고, 엔진은 절대 피곤하지 않기 때문에 끊임없이 달릴 수 있다. 따라서 각 마력은 남자 36명이 일하는 것이지만 엔진이 멈추는 것을 참작한다면 30명이라고 하자. 3만 5000마력의 거대한 대양 쾌속선의 엔진은 항구와 항구를 끊임없이 오가는데, 1마력당 12명의 남자가 3교대를 하는 것과 같은 힘을 낸다. 그것은 매일 126만 명의 남자 또는 10만 5000마리의 말이 내는 힘과 같다. 전 세계의 모든 증기 엔진이 평균 업무에 남자가 하는 시간을 두 배로 늘린다고 가정한다면 세계의 1억 5000만 마력은 각 엔진이 1마력당 12명의 남자가 2교대를 하는 것으로 36억 명이 내는 힘과 같다. 세계에서 성인 남자는 고작 10분의 1에 불과하며, 인구의 5분의 2에 해당하는 것으로 추정한다.

모든 증기 엔진이 24시간 동안 평균 8시간 작동하고, 그것이 남자와 말처럼 하는 것처럼 한다면(더 오랜 시간 일하는 사람은 계속해서 실행하는 것에 넣지 않는다), 여전히 유효 증기 마력은 1억 5000만이고, 각 엔진이 12명의 남자가 하는 일을 하며, 18억 명의 남자 또는 1억 5000만 마리의 말이 하는 일과 같다.

엥겔은 1880년에 증기에 의존하는 세계 산업의 가치가 320억 달러였고 1888년에는 430억 달러에 달할 것으로 추정했다. 오늘날에는 의심의 여지 없이 610억 달러가 넘을 것이며, 1880년보다 분명 엄청난 증가지만, 하나의 수치는 다른 것과 마찬가지로 놀랍다. 두 개 모두는 의의를 파악할 수 없기 때문이다.

주요 증기 이용 국가는 미국으로 1888년에는 1440만 마력이었다. 영국은 명목 마력이 920만이었다. 영국 식민지와 의존 국가의 712만 마력을 추가하면 영어권 종족은 세계 모든 증기 동력의 5분의 3을 차지하게 된다. 증기는 인간의 수명보다 짧은 기간 내에 전 세계에 급속하게 퍼졌다. 세계 역사에서 이와 비교할 만한 수준의 발전이 없으며, 그런 급속한 변화가 미래에 발생할 것이라고 상상할 수도 없다. 마침내 미래는 상상으로도 품을 수 없는 것을 낳기 시작했다. 다가오는 가능성에 제한을 둘 수 없지만, 설령 가능하더라도 증기가 가져온 것과 같은 혁명은 증기의 힘을 대체할 수 있는 더 강력한 힘에서 오며, 증기가 경쟁자 없이 새로운 영역을 완전하게 차지했던 것보다 훨씬 더 오래 걸릴 것이다.

뉴커먼 엔진과 와트 엔진의 대비는 흥미롭다. 뉴커먼 엔진은 마력 당 28파운드의 석탄을 소비했으며, 분당 3~4스트로크를 초과하지 않았으며, 피스톤은 분당 50피트를 움직였다. 오늘날 증기 선박 엔진은 마력 당 1~3파운드의 석탄을 사용해 – 석탄을 덜 먹는 괴물이다 – 분당 70~90회전을 한다. "구축함"은 분당 400회전에 달한다. 소형 증기 엔진은 분당 600회전을 달성했다고 한다. 오늘날 피스톤은 3피트 길이의 실린더에서 분당 1000피트를 작동해야 적절하다. 이것은 분당 166회전을 한다. 1달러에 1톤의 석탄이 드는 보일러에서 1센트에 5파운드의 석탄이 든다고 한다면 1마력으로 3시간을 가거나 8센트로는 낮과 밤을 연속해서 주행할 수 있다.

무수한 사람과 말(馬)도 증기 엔진에는 소용 없을 것이다. 증기가 가지는 집중하게 하는 기적처럼 보이는 성질은 확장하는 힘에 필수이기 때문이다. 10만 마력 또는 수십만 마력이 한 지붕 밑에 놓여 요구되는 작업으로 인도된다. 현재 건설되고 있는 거대 증기선에는 6만 4000마력이 집중된다. 이 모든 엄청난 힘은 진화되고 집중되어 화학 물질 중 가장 가망이 없는 물질인 냉수로부터 오는 과학에 의해 조절된다. 사람이 발명하거나 상상한 것 중에서 증기 엔진과 비견될 만한 것은 없다. 그것은 동류가 없다. 프랭클린이 번개를 잡고, 모스가 전신으로 공간을 완파하고, 벨이 전화로 공기를 뚫고 말을 전달한 것이 신비한 면이 덜한 것은 아니다. 어쩌면 한 가지 의미에서 그것들은 더 미묘하다. 그러나 냉수를 뜨겁게 해서 실행하는 세계의 노동은 여전히 와트와 그의 증기 엔진을 별개의 등급에 놓는다. 동력을 적용하는 발명은 많지만, 와트의 엔진은 적용하는 동력 그 자체를 창조했던 것이다.

증기 엔진이 절정에 다다랐는지, 가스, 석유, 다른 매개가 동력을 위해 광범위하게 사용되어야 하는지는 지금 과학계에서 논의되는 문제이다. 이런 대체재를 사용하는 데 진전이 많이 있었고, 장애물이 하나씩 극복되면서 가능성은 더 높아졌다. 특별히 가스가 더 많이 나오고 석유도 자유롭게 사용된다. 앞에서 언급한 이유로 내가 보기에 석탄이 풍부한 곳에서 증기가 계속해서 동력의 주요한 원천이 되지 않을 날은 멀다고 생각한다. 1파운드의 석탄으로 만든 1마력을 이긴다는 것은 세계를 놀래는 일일 것이다. 그러나 이보다 더한 동력은 이론적으로 가스에 있지만, 아라고의 현명한 말이 떠오른다. "모든 생활을 투기적 노동에 바친 사람은 보기에 최고인 계획과 그 계획의 실현 사이에 얼마나 거리가 큰지 인식하지 못한다." 진정 사실이다! 와트의 아이디어와 그가 9년 동안 발전시켰던 증기 엔진은 결심과 실행, "훌륭한 결심"을 누그러뜨리는 것과 "행동"을 고양시키는 것 사이의 큰 차이와 같은 것이었다.

증기 엔진은 스코틀랜드가 세계의 물질 진보에 했던 주요한 공헌이다. 와트는 증기 엔진의 발명가였고, 우리는 거의 창조주라고도 부를 수 있는데, 다양한 형태가 계속해서 이어졌기 때문이다. 사이밍턴은 증기 엔진의 한쪽 팔을 물 위로 펼쳤고, 스티븐슨은 기관차로 증기 엔진의 다른 쪽 팔을 땅 위로 펼쳤다. 이렇게 세계는 흔들리고 인간 생활의 조건은 변화되었다. 와트와 사이밍턴은 스코틀랜드에서 서로 몇 마일 이내의 거리에서 태어났다. 스티븐슨의 선조는 스티븐슨이 태어나기 전에 스코틀랜드 남쪽에서 이사 왔고, 풀턴의 부모는 스코틀랜드에서 미국으로 이사 가면서, 스티븐슨과 풀턴은 글래드스턴과 함께 스코틀랜드 혈통임을 자랑할 수 있었다.

세계 역사는 이 세 사람의 발명이 만든 변화의 유례가 없다. 1791년에 인구가 150만 명에 불과해 당시 뉴욕 인구의 절반에 해당했던 조그마한 스코틀랜드가 그런 삼인조의 어머니가 되었고, 두 번째 "위대한 셋"(월리스, 부르스, 번스)이 같은 세대로 서로 가까운 곳에서 활동했다는 것이 신기하다. 와트의 엔진은 1782년에 등장했다. 증기선은 1801년에 등장했다. 증기 엔진차는 13년 뒤인 1814년에 나왔다. 와트의 엔진은 등장한 지 32년 만에 바다와 육지를 정복했다.

사회학자는 이론을 세울 수 있지만, 일반인은 가시나무에서 포도를 엉겅퀴에서 무화과를 수확할 수 없다는 것을 기억할 것이다. 그런 사람들을 배출하기 위해서는 무언가 토양이 있어야 한다. 노력을 강요하는 가난, 상상을 불러일으키는 "산과 홍수의 땅", 국가와 정신의 독립을 위한 수세기의 투쟁, 의무적이고 보편적인 무상 교육 제도, 이 모든 것이 피 속에 섞여 들어가 스코틀랜드가 세계의 진보에 크게 기여할 수 있었다.

와트의 종교적, 정치적 견해에 대해서는 와트의 모든 역사가들이 이상할 정도로 과묵하다. 회고록의 가장 초기 저자인 윌리엄슨은 와트를 가장 잘 알았던 그리녁 사람들로부터 얻은 흥미로운 사실을 아주 많이 알고 있다. 와트의 정통성에 대해 그가 보인 망설임은 달리 하면 대단히 큰 찬사로 관심을 불러일으킨다. 그는 말한다.

> 우리는 본질과 근원에서 더 순수하게 영적인 그 애정

의 상태를 더 알고 싶어 한다. 그는 신의 계시의 궁극적 진리를 알고 싶어 했으며, 그것은 영혼을 고양하고 정화했다. 그러한 성격과 삶과 관련해 매우 확실한 정보를 많이 알지 못하기 때문에, 우리는 이와 같은 사례에서 유아기와 어린 시절의 훈련 원칙과 격언에 본능적으로 돌아간다. 이 위대한 사람이 보였던 경건을 기억한다면 그의 많은 덕목이 단순한 도덕적 탁월함 이상의 근원에 기초한다는 희망에 집착할 수 밖에 없다. 순례자의 정신에 기초한 침착함이 … 가장 순수한 인간 철학보다 훨씬 높은 영역에서 발하는 그 광채를 사로잡았던 것이었음을 바라는 희망을 소중히 여기자.

이전에 기록된 와트의 안식일 파기는 엄격한 칼뱅주의자에게는 엄청난 죄로 보여 와트의 영적 상태에 대한 심각한 의심을 합당하게 만들었지만, 그런데도 그의 "도덕적 탁월성"을 보여 주는 것이다. 도덕적 탁월성에 대한 윌리엄슨의 평가는 최근에 번스에 의해 기술되었다.

그렇지만 그것에 대해서는 감사하지 않는다.
아무런 신성한 징후도 없다.

우리의 불쌍한 타락한 본성의
좀 더 온화한 특징일 뿐이다.
그대는 최선의 도덕적 일을 수행받을 것이다.
많은 흑인 이교도와 힌두교도가 일을 한다.
거친 포노탁스에서는 사냥꾼이 일한다.
그들은 정통 복음에 대해 전혀 듣지 못한 자들이다.

윌리엄슨의 의심은 와트의 교회 출석에 더 확고한 기초를 두고 있었다. 우리는 그것을 그가 1788년 7월 데루크에게 보낸 편지에서 볼 수 있는데, 와트는 버밍엄에 있는 "만남의 집"(비국교 교회)에 전혀 참석하지 않았고, 또한 주 장관의 자리를 사양하며 여전히 장로교회의 일원으로 남기를 고집했다.

와트는 신학적 견해에서 프리스틀리와 월야회의 다른 구성원처럼 당시에는 앞섰으며, 당시 사람을 놀라게 했던 번스와 다소 일치했다. 아마도 그는 세인트 앤드류 대학교의 학생들에게 했던 스탠리 학장의 연설 "여러분의 신학을 위해 번스에게 가라"보다 앞섰을 것이지만, 죽을 때까지 매우 종교심이 깊은 사람으로 남았다. 우리는 그가 76세에 썼던 편지(259페이지)에서 그것을 볼 수 있다.

우리는 총리가 와트를 두고 "불쌍한 급진주의자"라고 선언했던 것처럼, 그가 정치적으로 시대를 앞섰다는 것을 안다. 그는 모든 사건에서 정치적으로 번스와 함께했다. 와트의 장남은 당시 파리에 있었고, 그는 프랑스 혁명에 휩쓸렸다. 뮤어헤드는 총리가 와트와 와트의 장남을 혼돈했을 것이라고 본다. 그렇지만 총리가 버밍엄의 유명한 와트의 행실과 프랑스에 있던 충동적인 그의 아들을 혼돈했을 거라고 보기는 어렵다.

프랑스 혁명은 영국에 영향을 강하게 끼쳤다. 특별히 잉글랜드 북쪽과 스코틀랜드 남쪽에 그랬는데, 둘은 공통점이 많다. 버밍엄의 월야회는 흥미를 강하게 보였다. 1788년 여름에 쉼멜페니악 부인의 아버지 집에서 열린 모임에서 부인은 볼턴 씨가 일행에게 파리에서 오래 체류하다 방금 돌아온 볼턴 씨의 아들을 소개한 것을 기록한다. 그 아들은 파리에서 있었던 일을 생생히 소개했고, 그 자리에는 와트와 프리스틀리 박사도 있었다. 그로부터 몇 달 뒤에 혁명이 일어났다. 박사의 아들 해리 프리스틀리는 어느 날 설계실에서 소리를 터뜨렸다. "만세! 자유, 이성, 형제애는 영원하라! 왕과 귀족은 몰락하라! 위대한 프랑스인은 영원하라! 프랑스는 자유다!" 프리스틀리 박사는 크게 감동하였고, 인간의 권리를 이유로 모든 면에서 가장 두드러졌다. 그는 군주, 귀족, 교회를 폐지하는 의회의 법안을 환영했다. 그는 종종 지역 성직자들과 신학 교리에 대해 토론했다. 프랑스 혁명에 관한 팸플릿을 썼으며, 버크는 하원에서 그를 공격했다. 자연히 이 모든 것은 지역 리더로서의 그에게 반대를 집중시켰다. 열렬한 지지자들은 프랑스 혁명을 기념하는 공개 저녁 식사를 하기로 하는 잘못을 저질렀고, 80명이 넘는 신사가 참석했으나 많은 사람이 또한 이에 반대하는 조언을 하기도 했다. 프리스틀리는 그 자리에 없었다. 군중이 밖에 모여 창문을 깨부쉈다. 프리스틀리가 시무하는 예배당인 "새로운 만남의 집으로!"라는 구호가 일어났다. 그 예배당은 불길에 휩싸였다. 박사와 그의 가족은 직전에 경고를 받고 자리를 피했다. 그 집은 폭도들의 수중에 있었다. 폭도들은 가구와 서재, 화학 실험실과 도서실을 부셨고, 마침내 그 집에 불을 질렀다. 매우 훌륭한 시민 중 일부도 비슷한 방식으로 고통을 겪었다. 도시의 가장 후한 후원자의 한 명이던 라이랜드 씨, 은행가이던 테일러 씨, 존경받는 도서 판매상이던 휴턴 씨가 그랬다. 월야회의 멤버이던 위더링 박사의 집도 침범을 당했으나 때마침 군대가 도착해 화를 면했다. 군중은 월야회의 멤버들을 "미치광이들"로 불렀고, 특별히 공격의 표적이 되었다. 군중은 "철학자는 필요없다! 교회와 국왕은 영원하라!"라고 외쳤다. 와트와 볼턴은 이 모든 것을 경계했다. 그들이 모임에서 두각을 나타내는 인물이었기 때문이다. 그들은 일꾼들을 불러 폭도들의 범죄를 설명했고, 공격을 받을 시 그들을 지킬 것이라는 약속을 받고 무기를 지급했다. 그러는 사이 모든 휴대할 만한 것은 포장해 옮길 준비가 되어 있었다.

그는 1791년 7월 19일 데루크 씨에게 편지한다.

저희의 원칙이 잘 알려졌듯이, 저희는 기존의 정부와 친구이며 공화주의 원칙을 적대하기에 국교회와 국왕을 좌우명으로 삼는 폭도로부터 보호를 받아야 하긴 해도, 저희의 안전은 원칙적으로 도시의 남쪽에 사는 대부분의 비국교도 때문입니다. 그들은 처음부터 종교와 원칙의 차별에서 그렇게 민감하지 않은 듯합니다. 그들의 일원인 저는 장로교도로 알려졌지만, 사실 저는 버밍엄에 있는 만남의 집(비국교 교회)에 한 번도 출석한 적이 없으며 볼턴 씨는 유명한 국교회 교인입니다. 저희는 최악의 상황을 걱정해 모든 것을 포장해 놓은 상태입니다. 그렇지만 모두가 저희에게 우호적입니다.

우리는 이 모든 것에서 급진적 원칙이 버밍엄의 주도적 인사들의 마음속에 깊이 들어왔다는 인상을 받으며, 아마도 다른 구역보다 월야회 구역에 더 열성적으로 들어왔음을 본다. 비록 그 열렬한 지지자 집단이 런던과 주요 지방 도시에서 결성되었을지라도 말이다.

정치 분야에서는 와트의 오직 한 가지 면만 보고된다. 1784년 초, 국왕이 석탄, 철, 구리에 연간 500만 달러에 해당하는 세금을 부과할 것을 제안했던 피트를 총리에 임명하자 왕에게 탄원하는 기회를 얻으려고 주도했던 그를 발견한다. 그 금액은 제조업이 초기 단계였던 당시로는 상당한 액수였다. 볼턴 또한 그 반대에 가담했다. 그들은 제조업 국가에서 "원료에 세금을 부과하는 것은 자살 행위입니다. 세금은 사치품과 악덕, 그리고 원하신다면 재산에 부과하십시오. 부를 얻었을 때는 세금을 부과할 수 있지만 부를 얻는 수단에 부과해서는 안 됩니다. 무엇보다 황금알을 낳는 닭의 배를 갈라서는 안 됩니다"라고 슬기롭게 주장했다.

와트는 협조를 얻어 그 주제에 관해 배포할 논문을 쓴다. 그 정책은 실패했고, 곧이어 피트는 애덤 스미스의 보다 완전한 원칙인 《국부론》으로 개종한다. 그 후로 자유 무역이 영국을 지배했고, 가장 저렴하게 제조할 수 있는 나라가 되어 실로 수년 동안 유일한 제조 국가로 이 정책은 영국을 모든 나라 중에서 1인당 가장 부유한 나라로 만들었다.

그리 머지않은 시일 내에 미국이 많은 종류의 물품에서 가장 저렴한 제조 국가가 될 것이지만, 이미 지금도 소수의 중요 상품은 가장 저렴하게 제조하고 있으며 자유 무역을 부르짖으며 세계 시장에 자유롭게 들어갈 수 있도록 요구할 것이다. 와트와 볼턴이 제안한 바와 같이 사치와 악덕에 세금을 붙이고, 얻은 부에는 세금을 부과하지만 만드는 도구에는 부과하지 않는 것이 따라야 할 정책이다. 와트는 자신을 심오한 경제학자로 보여 주었다.

와트에게는 선동에 적극 가담한 장남 제임스를 크게 염려할 만한 이유가 있었다. 제임스와 그의 친구 맨체스터의 쿠퍼 씨는 "헌법 협회"의 대리인으로 임명되어 파리로 가서 자코뱅 클럽에 축하인사를 전했다. 제임스는 크게 휩쓸리어 그들의 지도자들과 친밀하게 되었다. 사우디는 제임스가 실제로 당통과 로베스피에르 사이의 결투 현장에 나타나 그들에게 항의하며 만약 둘 중 하나가 쓰러지면 대의가 훼손될 수 있다고 지적함으로써 그 결투를 막았다고 말한다.

와트의 아들이 돌아오자 국왕의 사람들이 버밍엄에 도착해 선동적인 교류에 관심이 있던 사람들을 체포했다. 와트는 볼턴에게 아들을 만나 미국이나 다른 외국으로 보내 줄 것을 제안한다. 하지만 아들은 체포되지 않았기에 이 모든 것은 불필요한 것으로 드러났고 얼마후 잊혔다. 와트의 아들은 볼턴의 아들과 동업 관계에 들어갔고 훌륭한 관리자가 되었다. 오늘날 우리는 그를 자코뱅 지도자들과 연합한 온화한 공화주의자로 여긴다. 특별히 프랑스 혁명 비극의 두 주요한 주체 사이의 싸움에 대담하게 개입해 "젊은이의 모자를 장식하는 리본"으로 활약한 것이 그렇다. 그의 침착한 아버지도 역시 그랬고, 장남을 자랑스러워했을 것이다. 독자들은 그 자랑스러워하는 아버지가 민주정 원리, "인간의 권리", "인간의 존엄" 등에 강한 호감을 느꼈는지 여부를 판단할 것이다. 그것들은 번스가 당시 열렬히 내세우던 것으로, 그런 감성은 총리가 와트를 "불쌍한 급진주의자"라고 비난한 것을 매우 정당화시켜 준다.

영국에서는 와트의 시대 이후로 프랑스 혁명에 자극되었던 군주제에 대한 반대의 모든 흔적이 사라졌고, 조지 왕의 군주제 하에서는 완전히 사라졌다. 오늘날의 "제한 군주제"는 빅토리아 여왕의 훌륭한 통치 기간에 발전되어 정착했다. 프랑스인은 요새를 정면으로 공격해 심각한 손실을 초래하면서 군주제를 폐지했다. 차가운 영국인은 그런 방책을 취하지 않았다. 그는 아무것도 잃지 않고 자리를 지키면서 대승을 거두었다. 국왕은 "잘못할 수 없다"는 교리는 국왕의 "신성한 권리"에서 흘러 나오는 근대의 역사와 거의 일치하며, 그것은 그렇게 조용히 받아들여졌다. 그것은 국민의 의중을 알아내려는 매우 친절한 대리인이 되기 위해 적절히 활용될 필요가 있을 뿐이었다.

국왕은 잘못할 수 없다는 교리를 받아들이는 것은 그 교리의 사실 여부를 증명할 의무를 수반하는 것으로, 이것을 할 수 있는 유일한 방법은 국왕이 아무것도 해서는 안 되는 것이 분명했다. 그는 장관들의 대변인이 되었고, 따라서 종종 잘못을 하는 사람은 그가 아니라 잘못할 수 있는 사람이 된 장관들이었다. 군주는 무엇이든 할 수 있는 힘을 잃어 모든 것에 영향을 줄 수 있는 힘을 얻었다. 장관들은 하원의 승인을 얻어 취임한다. 하원의 구성원은 국민에 의해 선출된다. 따라서 영국의 정부는 "국민의 의지에 따라 광범위하게" 세워진다.

와트 시대의 혁명가들이 요구했던 것들은 실제로 모두 성취되었고, 영국은 진실로 "국민의, 국민을 위한, 국민에 의한 정부"를 가진 "군주 공화국"이 되었다. 이 꾸준하고 유익한 발전은 평화롭게 달성되었다. 프랑스와 영국의 방법상의 차이는 혁명과 진화의 차이이다.

미국의 정치 영역에서는 지난 세기에 비슷한 진화가 영국보다 더 조용히 이루어졌고 아직 끝나지 않았다. 그것은 서로 다른 법을 가진 주들의 느슨한 결합을 하나의 견고한 정부로 바꾸는 것이다. 그 정부는 서로 견제하고 일치성을 유지하기를 가정한다. 그 구심력은 수년간 더 강해졌다. 권력은 개별 주를 벗어나 워싱턴으로 향한다. 연속적인 변화의 필요성이 명백해지기 때문이다. 주 간 무역, 신탁, 그리고 다른 영역의 규제에서 온 땅에 대한 최종 권한은 점점 더 워싱턴으로 쏠린다. 이것은 현재의 다양성 때문에 혼란을 빚는 많은 주제에 대한 통일된 국내법으로 귀결될 듯한 유익한 움직임이다. 결혼 및 이혼법, 파산법, 회사 등록 권리, 그리고 다른 많은 중요한 문제가 이런 진화의 과정에서 통일될 것으로 예상된다. 연방은 나누어질 수 없는 주들의 나누어질 수 없는 연합이라는 연방 대법원의 결정은 결국 많은 주 간 문제의 통일된 규정을 제시한 것이며, 모든 면에서 유익하고, 미국인의 완전한 연합을 위해 필수불가결하다.

9장
노년의 와트

와트는 우아하게 노년으로 미끄러져 들어갔다. 이것은 인생에서 성공의 가장 위대한 시험이다. 모든 무대에는 월계관이 있지만, 행복한 노년에는 왕관이 있다. 볼턴은 80세가 다가오고 있었지만 이전과 같이 계속해서 자주 일하며 바쁘게 보냈다. 와트는 그렇지 않았다. 와트는 여전히 그의 다락방에 머물렀다. 그곳은 그를 매료시켰던 과학적 연구를 하는 "마음의 왕국"이었다. 그는 1802년에 파리를 다시 방문해 5주를 보내면서 그의 옛 친구들과 친분을 새롭게 했다. 그는 잉글랜드, 스코틀랜드, 웨일스를 자주 여행했다. 그는 그곳에서 아름다움으로 그를 매료시켰던 부동산을 매입했고 크게 향상되었다. 훗날 그것은 그의 아들 대에서 꽤 비싼 부동산이 되었고, 훨씬 더 다양해졌지만 본래 스코틀랜드의 엄격한 웅장함이 빠지지 않았다. 그는 정원에 나무를 심어 강렬한 기쁨을 얻었으며, 꽃을 매우 좋아했다. 농가를 방문할 때마다 편안했다. 그는 자신의 감독하에 훌륭한 나무들을 심었다. 그 나무들은 계곡을 화려하게 꾸미고 강과 산의 경치를 멋지고 다양하게 만들었다. 요약하자면 그의 몸속에 흐르는 피, 즉 언덕을 행복하게 돌아다녔던 "안개 속의 아이"로 만들었던 어린 시절의 교훈은 켈트족의 요소가 강력하게 작용했기에 노년에 그의 힘을 다시 발휘하게 했다. 그는 점점 자연으로 향했다.

그녀를 사랑했던 마음을 결코 배반하지 않았노라.

우리는 숲을 산책하는 그를 보면서, 그가 보석을 잊지 않는 놀라운 기억으로 자신에게 조용히 부드럽게 노래하는 것을 상상한다.

나는 배웠노라.
생각 없던 젊은 시절과 달리 자연을 보는 법을.

비록 쫓거나 억압하는 광대한 힘은 아니어도
거칠거나 삐걱거리지 않는 인간성의
고요하고 슬픈 음악을 종종 듣는다.
그리고 고양된 생각의 기쁨이 흔드는
한 실재를 느꼈노라.
깊이 융화된 무언가 숭고한 감각.
그것은 태양의 빛 안에 거하고,
둥근 바다와 살아 있는 공기,
푸른 하늘, 그리고 인간의 마음속에 있다.
움직임과 정신은 모든 생각의 대상을 강요하고,
모든 사물을 관통해 구른다.
그러므로 나는 여전히 초원과 숲과 산을 사랑한다.
그리고 우리는 이 모든 것이
이 푸른 지구에서 오는 것을 본다.

와트는 주 장관의 영예를 떠안기를 두 번이나 요청받았다. 1803년 스태퍼드셔와 1816년 래드너셔였다. 하지만 그는 정중하게 사양했다.

그는 마침내 잉글랜드 교회의 일원이 아니라 스코틀랜드 장로교회의 일원이라는 것을 선언할 필요가 있음을 발견했다. 당시에 그것은 결정적인 이유였다.

1816년에 그는 81세였고, 그 의무를 받아들이는 것은 강제적이었기 때문에 자신을 변명하는 데 어려움이 없어 보였다. 그것은 "연약해서 저항할 수 없는 나이의 목소리"였다.

와트에게 모든 진실 중에서 가장 슬픈 진실을 깨닫게 되는 날이 찾아왔다. 그것은 친구들이 하나씩 빠르게 세상을 떠나고 있으며, 언제나 좁아 결코 채워질 수 없었던 소수의 모임이 점점 더 좁아지고 있어 그가 점점 중심에 남게 되는 것이었다. 이것보다 와트를 슬프게 하는 것은 없었다. 1794년에 그는 동업자 로벅과 헤어졌다. 1799년에는 그의 절친한 친구이자 도움이 필요할 때 도와주었던 블랙 박사가 떠났다. 그해에는 월야회의 위더링도 떠났다. 그리고 1802년에는 그의 초기 잉글랜드 친구였던 "은색 노래"의 다윈도 세상을 떠났다. 1804년에는 그의 뛰어난 아들 그레고리도 죽어 그에게 큰 충격을 주었다. 1805년에는 그의 첫 번째 글래스고 대학교의 로빈슨, 1808년에는 베도즈 박사, 1809년에는 동업자 볼턴, 1811년에는 윌슨 박사, 1817년에는 데 루크가 떠났다. 이 연도에 세상을 떠났던 유명하지 않은 다른 많은 친구가 그에게 사랑스러운 존재가 아니었던 것은 아니다. 그는 "친구가 한 명씩 떠나면서 나중에는 낯선 사람들 사이에 혼자 있을 위험에 처해 있다"고 말했다.

그는 1802년 11월 23일 볼턴에게 편지한다.

우리는 오랜 친구들의 모임이 점점 작아지지만 그 모임을 새로운 사람으로 채우는 능력 또한 작아지는 것을 매우 유감스럽게 느끼지 않을 수 없습니다. 그러나 아마도 이 세상에서 우리의 즐거움을 줄이는 것이 신의 현명한 뜻인 것 같습니다. 그래야 우리의 차례가 올 때 후회 없이 그 모임을 떠날 수 있으니까요.

그는 1810년 7월 12일 또 다른 사람에게 편지한다.

저는 특별히 하느님께 감사할 이유가 있습니다. 저의 시대에 저보다 더 위대하고 더 건강하고 더 젊은 사람들이 "돌아오지 않는 개울"을 건넜음에도 저를 이제껏 오랫동안 잘 보존해 주셨기 때문입니다. 그렇지만 사랑하는 많은 사람이 먼저 떠나는 것을 보는 것은 고통스러운 일입니다. 그리고 하느님께서 우리의 삶을 연장해 주시어 우리가 기쁜 만큼, 사는 동안 자신을 사회에 유용한 것으로 만드는 것이 우리의 위안이 되어야 합니다.

월터 스콧 경은 이렇게 선언한다.

그것은 친구가 먼저 갈 때 겪는 인생의 가장 안 좋은 부분이다. 내 다리가 뻣뻣해지면 걸음이 짧아지고 달리기가 느려진다. 만약 눈이 나빠지면 안경을 사용하거나 글자 인쇄를 크게 할 수 있다. 약간 귀가 먹으면 몇몇 경우를 제외하고 말하는 것의 절반을 온전히 못 듣더라도 패자가 되지 않을 것이기에 안도한다. 그렇지만 동료와 친구가 내 곁을 떠나갈 때 나이의 외로움을 느낀다.

사업에서 은퇴할 때까지 그의 모든 인생에서 관심사는 자신과 가족이 검소한 수준으로 생활할 수 있는 충분한 생계 수단을 확보하는 것이었다. 그는 자신을 초월한 목적에 헌신할 만한 추가 여력이 없었다. 그렇지만 조그마한 역량을 갖추고 은퇴하자 상황은 달라졌다. 우리는 그가 여전히 적은 수입의 일부를 인류애적 목적을 위해 즉각 사용하기 시작하는 것을 발견한다. 자연히 그의 생각은 고향 마을과 그가 너무나 많이 신세를 진 대학으로 돌아갔다.

그는 1808년에 글래스고 대학교에 와트상(賞)을 설립해 다음과 같이 말했다.

글래스고 대학교에서 호의를 많이 받았기 때문에 저의 감사의 기억을 대학에 남기고 싶으며, 이와 동시에 대학에 다니는 물리학과 화학 분야 학생들의 탐구와 노력의 정신을 높이고 싶습니다. 이것은 영국이 국가로서 존재하려면 과학과 기술에서 글래스고 대학교가 하는 노력에 크게 의존하는 것이 유용하다고 보기 때문입니다.

글래스고 대학교는 1774년에 그에게 법학 박사 학위를 수여했으며, 거대한 공학 실험실에 그의 이름을 붙였다.

그는 1816년 그리녁 시에 과학 서적을 기증하면서, 그리녁의 청년 교육을 위한 과학 도서관을 시작해 다른 사람들이 그의 노력에 동참할 것을 촉구하고, 그리녁이 기업가 정신에서 독보적인 것처럼 과학 지식에서도 그렇기를 바란다고 말했다.

도서관은 오늘날 1만 5000권이 넘는 장서를 보유한 곳으로 성장했으며, 와트의 아들이 아버지를 기념해 세운 와트 연구소의 귀중한 부속 기관으로 그리녁의 교육 중심이 되었다. 도서관 입구에는 와트의 훌륭한 동상이 세워졌으며, 그 동상을 세우기 위해 기금을 공개적으로 모금했다.

많은 모임이 그 위대한 발명가를 존경했다. 그는 에든버러 왕립학회, 런던 왕립학회, 바타비아 학회의 회원이었으며, 프랑스 과학 아카데미의 특파원이었고, 프랑스 과학 아카데미 8개 외국 지회의 한 명이었다.

대중에게 알려지는 것을 거의 병적으로 싫어하는 성향 탓에, 와트는 유명한 친절 행위와 자선 행위를 철저히 숨겼다. 뮤어헤드는 우리가 잘 믿을 수 있는 그런 선물은 부족하지 않았다고 확신시킨다. 친절한 이웃으로서 와트의 성격은 항상 높은 위치를 차지했다. 그는 "하느님께서 갚아 주실 것으로 여기기에 보상을 받지 않으려는 사람, 즉 증인 없이 하느님께 자선을 위탁하는 사람"이었다.

1819년 가을에 심각하지 않은 병이 들어 가족을 약간 근심하게 했고, 이내 그는 죽음을 알리는 사자가 왔다는 것을 알았다. 그는 이 부름을 조용하고 고요하게 받아들였으며, 뒤를 돌아보았을 때 어떤 심각한 후회할 거리를 발견하지 못했고, 앞을 보았을 때 어떤 두려움도 발견하지 못했다. "그는 손으로 하는 일을 뚜렷하게 번성하게 하고 그의 사는 날에 부와 명예의 축복을 주었던 모든 선한 것을 주시는 분에게 종종 감사를 드렸다." 1819년 8월 19일, 그는 83세의 나이에 히스필드에 있는 자신의 집에서 그를 아는 특권을 가진 모든 사람이 깊이 슬퍼하는 중에 조용히 숨을 거두었다. 그렇게 그 두 명의 강한 남자는 "사는 동안 아름답고 유쾌했으며 죽어서도 나뉘지 않는" 어떤 심각한 불화도 없는 일생의 친구이자 동업자였다.

볼턴과 와트의 사업 결합처럼 매혹적인 결합이 기록으로 남은 경우가 있을까? 25년간 점차 높아졌던 긴밀한 연합, 그리고 그와 같은 이름을 띠고 그들의 아들들이 실행했던 연합의 갱신, 아버지 세대처럼 아들 세대에서도 마찰 없이 친구처럼 긴밀한 연합을 이루었던 것, 자신들의 업무를 통해 세계에 놀라운 진보를 가져온 것, 조용한 교회 마당 대지의 어머니 품속에 나란히 잠든 것, 인생의 전투에서 나란히 함께 싸운 것, 마침내 충직한 일꾼 머독이 전성기의 나이에 그들에게 합류한 것이다. 이 모든 것에서 오는 감미롭고 귀중한 영향에서, 우리는 그것을 생각하면서 더 높은 분위기로 올라가고, 상쾌해지고, 격려를 받고, 우리와 같은 사람들의 진실한 이야기에 승화되는 것을 감사하게 인정하지 않을 수 없지 않을까? 설령 우리가 그들과 동등해지는 것을 바랄 수는 없을지라도, 최소한 우리는 그들을 부분적으로 따라 할 수는 있을 것이다.

웨스트민스터 성당에 와트의 기념비를 설치하기 위해 런던에서 회의가 열렸다. 총리는 회의를 주재하고 국왕으로부터 500파운드의 돈을 받았다고 발표했다. 진정으로 이렇게 말할 수 있다.

계급, 사회적 지위, 재능에서 더 두드러진 사람들이 겸손하고 내성적인 천재를 추모하기 위해 모인 적이 없었다. 그리고 더 자발적이고 고귀하고 안목 있는 선언이 시대와 나라를 불문하고 어떤 개인의 미덕과 재능, 공공의 봉사를 위해 만들어지지 않았다.

그 결과 찬트리가 다음과 같은 비문을 새긴 거대한 동상을 만들었다. 비문은 "영어로 쓰인 가장 멋진 보석 비문"이라는 비교를 뛰어넘는 명문으로 선언되었다. 비문은 브로엄 경이 썼다.

평화로운 기술이 번성하는 동안 반드시 견뎌야 하는 이름을 영구히 하기 위해서가 아니라, 인류는 가장 합당한 사람에게 감사를 표하는 것을 배웠다는 것을 보이기 위해 왕과 장관, 많은 귀족과 평민이 제임스 와트에게 이 기념비를 올린다. 그는 과학 연구에서 실행한 독창적 천재성의 힘을 증기 엔진의 향상에 돌렸으며, 조국의 자원을 늘리고, 인간의 힘을 키웠으며, 과학의 걸출한 추종자 중에서 눈에 띄는 자리에 올랐고, 세계의 진정한 후원자가 되있다. 그는 1736년 그리넉에서 태어나 1819년 스태퍼드셔 히스필드에서 죽었다.

10장
발명가이자 발견자인 와트

앞의 페이지에서 와트가 한 일을 상세하게 따르고 기술하는 노력을 기울였지만, 우리는 과학과 법률계의 저명한 소수의 인사들이 와트가 실제로 한 것에 표한 의견을 제시함으로써 독자에게 고맙다는 말을 들을 것으로 믿는다.

브로엄 경은 와트에 대해 이렇게 말한다.

이 위대한 사람의 가장 놀라운 상황 중 하나는 재능의 다양성이었다. 그의 업적은 매우 다양했고 정신의 힘은 방대했다. 그렇지만 그렇게 보편적으로 적용할 경우 그의 이해가 특별했다거나 가장 사소한 연구의 대상마저 훌륭한 연구의 정확성을 담보했다고 하기는 곤란하다. 나는 그의 마음이 볏짚을 집어 올리고 나무를 뿌리째 찢는 코끼리의 상아를 닮았다고 말한 사람을 잊어버렸다. 와트 씨는 일종의 가장 위대하고 가장 유명한 자신의 발명을 닮았다. 그중에서도 우리는 가장 큰 물체로 격투하는 힘에 대해 궁금해야 할지 아니면 가장 사소한 것을 다루는 것을 궁금해야 할지 몰라 당황한다. 이해를 위해 너무 큰 것도, 너무 작아 다루기에 너무 섬세한 것도 없는 것 같다. 그것은 바위를 쪼개서 지구의 깊은 곳에서 강을 낼 수 있고, 비록 매우 쉽지 않지만 완벽하게 핀의 머리를 장식하거나 어떤 신기한 죽음의 인상을 줄 수 있다. 와트를 알았던 사람들은 천재성을 지닌 한 남자가 그런 엔진을 만들 수 있었고, 가장 철저한 과학적 추측에 빠져 있었으며, 지질학과 천문학, 지구의 형성, 그리고 우주의 구조에 관한 가장 숭고한 연구에서 바늘이나 못의 제작으로 즉시 넘어갈 수 있다는 것을 예상해야만 했다. 그는 동일한 대화에서 동일한 정확성으로 비록 동일한 대화 솜씨는 아닐지라도 가장 까다로운 기술의 세부 사항과 고전 문학의 우아함을 토론할 수 있었다. 그것은 과학의 가장 난해한 부분과 구술 비평의 세부 사항이었다.

와트 씨를 다른 많은 발명과 가장 명예롭게 구별되게 하는 한 가지 성질이 있고, 그것은 모든 모방을 할 만한 가치가 있다. 그는 질투심에서 완전히 벗어났을 뿐만 아니라 조심스럽고 꼼꼼한 자제를 실천했으며, 심지어 우연이라도 다른 사람이 부분적으로 소유한다고 생각하는 것을 자신이 전용하는 것으로 비치지 않게 간절히 바랐다. 나는 그가 증기 엔진의 발명가라는 명예를 전적으로 받기를 거절하고 자신을 그저 증기 엔진의 개선자로 불렀다는 말을 들었다. 그렇지만 그 명예에 대한 그의 권리에 의문을 품는 것은 아이작 뉴턴 경이 위대한 발견을 했다는 주장에 의문을 품는 것만큼이나 부정확한 것이다. 왜냐하면 수학에서는 데카르트가, 천문학과 기계학에서는 갈릴레오가 뉴턴보다 앞섰기 때문이다. 아니면 그의 후계자가 직류 전기를 발견하지 않았다고 그 공로를 부정하는 것과 같다. 와트 이전에 증기 엔진이라는 도구가 존재했듯이, 직류 전기도 그의 시대 전에는 과학에 쓸모없는 것이었다. 내가 알기로 그가 드러냈던 유일한 질투는 다른 것과 관련된 것으로, 그가 권리에 대한 주장을 좋아하는 것과 훌륭하게 조정이 되었다. 그는 과학적 발견을 다른 모든 소유보다 높게 치면서 그 칭호를 매우 신성하게 여겼기 때문에 시간을 들여서라도 분쟁이 되는 권리를 해결하는 그를 들을 수 있을 것이다. 그리고 그의 성질이 흐트러지는 것을 발견했다면, 그것은 어떤 사람의 발명이 다른 사람의 발명으로 주장되거나 돌려졌을 때이다. 또는 자신이 받을 것이 아니라는 것을 알면서도 어설픈 과찬이 그에게 주어졌을 때이다.

험프리 데이비 경은 이렇게 말한다.

나는 동시대 사람들의 기억 속에 살아 있는 독특하고 고귀한 공로를 밝히고 사후에 영원한 영광으로 그의 이름을 전할 수 있게 노력하는 것을 의무로 여긴다. 제임스 와트를 훌륭한 실용적 기계공으로 생각하는 사람은 그를 잘못 알고 있다. 그는 물리학자이자 화학자로 알려졌으며, 그의 발명은 그 과학에 대한 깊은 지식과 특유한 천재성, 실용화를 위한 결합을 보여 주었다. 그의 시대 이전의 증기 엔진은 조야한 기계였고, 공기의 압축과 증기의 응축에 관한 간단한 실험의 결과였다. 와트 씨의 개선은 우연한 상황이나 혼자의 천재적 사고에 의해 만들어지지 않았다. 그것은 블랙 박사의 발견과 결합한 섬세하고 세련된 실험을 기초로 성립되었다. 그는 증기의 응축으로 발생한 열의 증발로 만들어진 냉각의 원인을 조사해야 했는데, 이는 동력을 소진하면서 물이 생길 때 나타나는 공기의 근원을 결정하는 것이었다. 증기의 양과 그것이 만드는 물의 비율, 온도에 따라 높아지는 증기의 탄력성에 관한 법칙도 결정해야 했다. 노력, 시간, 수많은 어려운 실험들이 최종 결과를 만들기 위해 요구되었다. 그리고 원리를 획득했을 때 기계의 운동을 만들기 위해 그 원리를 적용하는 것은 새로운 종류의 지적이고 실험적인 노동이 요구되었다.

고대 세계의 아르키메데스는 그의 기계적 발명으로 로마인의 길을 저지하고 그의 나라의 몰락을 잠시 멈추었다. 우리의 현대의 아르키메데스는 얼마나 더 많이 했는가? 그는 위대한 제국의 힘과 부를 영구히 높였다. 그리고 지난 긴 전쟁 동안 그의 발명, 그리고 그 발명의 적용은 영국이 인구의 힘에서 예상할 수 있는 것보다 무한히 높은 힘과 자원을 보이는 것을 가능하게 한 위대한 수단이었다. 아르키메데스는 주로 추상 과학을 중시했다. 반대로 제임스 와트는 모든 원리를 실제로 사용했다. 그렇게 과학은 하늘에서 땅으로 내려왔다. 시라쿠사의 위대한 발명품은 모두 그와 함께 죽었다. 우리의 위대한 과학자의 발명품은 살아 있고, 그것의 유용성과 중요성을 매일 더 느낀다. 그것은 문명인을 야만인보다 더 위에 놓는 위대한 결과로, 지성의 승리를 보장하고 천재성과 도덕적 힘을 단순한 야만적 힘, 용기, 숫자보다 더 높인다.

제임스 매킨토시 경은 이렇게 말한다.

그토록 정당하고 고귀한 칭송에 내가 무슨 말이든 추가하는 것은 주제넘은 짓일 것이다. 오히려 현대 철학의 위대한 아버지 베이컨 경이 삶의 기술에서 발명가에 대해 한 이야기를 빌리자. 《뉴 아틀란티스》라고 부르는 아름답지만 잘 알려지지 않는 단편에서, 상상의 섬으로 향하는 항해에서 그는 "솔로몬의 집" 또는 "6일 작업 대학"이라는 이름의 대학교 또는 왕립학회를 상상했다. 그리고 이 기관에 배정될 다양한 건물 중에서 그는 발명가의 동상을 두기로 되어 있는 한 미술관을 묘사한다. 그는 그곳에 과학의 위대한 발명을 한 발명가 뿐만 아니라 누에를 사용하는 법을 발명하거나 인간의 편리에 필요한 더 소박한 장치를 고안한 사람을 놓은 것을 업신여기지 않는다. 베이컨 경은 그 미술관에 와트 씨의 동상을 어디에 놓았을까? 발명의 중요성, 천재성과 과학성, 발명에서 발생해 세계에 주는 유익을 고려할 때, 그 동상은 모든 시기와 국가를 통틀어 모든 발명가의 맨 앞에 놓았음이 분명하다. 그의 글의 또 다른 부분에서 동일한 위인은 고대인의 아름다운 신화에 대한 행복한 암시 중 하나로 그 유용한 발명의 존엄성을 보여 준다. 그는 이성을 조명하고 꾸미기 위해 신화를 자주 이용한다. 그는 "인간의 삶에 새로운 상품이 주는 존엄성은 그렇게 인도되도록 만들었던 구식(舊式)을 평가함으로써 드러난다. 나라의 설립자, 법률가, 폭군의 추종자, 사람들의 조상은 반신반인으로 존경을 받았지만, 발명가는 언제나 신으로 봉헌을 받았기 때문이다"라고 말한다.

애버딘 백작은 말한다.

오늘날 우리가 인정한 저명한 인물의 천재성과 재능에 대해 이미 들었던 찬사에 무엇을 더하려는 시도는 어울리지 않아 보인다. 그 찬사는 명예를 수여하기로 잘 계산된 사람들에 의해 발표되었고, 이름이 그의 나라에 명예가 되는 사람에게 주어진 것이다. 그는 거의 알려지지 않은 상태에서 우리에게 익숙한 힘을 주었고, 우리에게 거의 자유롭게 행동할 것을 가르쳐 주었다. 그것은 이제껏 인간의 손에 주어진 가장 강력한 도구로, 그러한 발견에 대한 간절한 기억이 자극하는 강렬한 감탄을 표현할 수밖에 없긴 해도 나는 그 찬사에 공감한다. 나는 또한 그를 기념해 비석을 세운다면 왕과 영웅, 정치인, 철학자의 기념비 가운데 놓을 수 있고, 그럴 경우 그곳이 적절한 자리라고 생각한다. 인류에 기여한 유용성과 삶의 흠잡을 데 없는 정직성으로 가장 저명한 사람들 사이에 그가 있게 된다면, 그곳은 가장 적절한 곳일 것이다.

제프리 경은 말한다.

다행히도 이 이름은 우리의 기념이 필요하지 않다. 그는 다툼과 질투를 이기고 존경을 얻었기 때문이다. 아마도 많은 세대가 "모든 명성"을 얻기 전에 사라질 것이다. 우리는 와트 씨가 증기 엔진의 위대한 '개선자'라고 말한다. 그러나 사실 그는 엔진의 구조에서 감탄할 만한 모든 것이나 엔진의 광범위한 유용성 때문에 '발명자'로 기술되어야 한다. 그의 발명은 작동이 잘 제어되어 가장 훌륭하고 가장 섬세한 제조에 적용될 수 있었고, 그 힘은 강력해 저항에 무게와 단호함을 부여하였다. 그의 훌륭한 고안으로 엔진은 힘과 유연성에서 똑같이 거대한 것이 되었다. 엔진이 발휘할 수 있는 거대한 힘, 가변하고 분배하고 적용할 수 있는 용이성, 정확성, 유연성 때문이다. 핀을 집거나 참나무를 찢을 수 있는 코끼리의 상아는 그에 비하면 아무것도 아니다. 엔진은 도장을 새기고, 엔진 앞에 있는 단단한 금속 덩어리를 부술 수 있다. 찢지 않으면서도 비단처럼 정교한 실을 자아낼 수 있고, 공중에 매달린 크리스마스 장식용 방울처럼 전함을 들어 올릴 수 있다. 모슬린을 수를 놓고, 닻을 주조하며, 강철을 리본처럼 자르며, 바람과 파도의 격노에 맞서 화물선을 앞으로 나가게 할 수 있다.

이 발명이 이 나라에 준 혜택의 가치를 평가하기란 어려울 것이다. 그것에 빚지지 않은 산업 분야는 없다. 그리고 가장 중요하게도 그것이 행사하는 분야의 범위를 가장 장대하게 넓혔을 뿐만 아니라 생산량 또한 1천 배나 많게 했다. 유럽의 전투에서 싸우고, 최근의 엄청난 경합을 통해 우리나라의 정치적 위대함을 높이고 유지시킨 것은 개선된 증기 엔진이다. 그것은 우리의 채무에 대한 이자를 지급하고, 우리가 여전히 하고 있는 힘든 투쟁(1819년)을 세금의 압박을 덜 받는 기술과 자본으로 유지할 수 있게 하는 동일한 위대한 힘이다. 그러나 이것들은 엔진의 중요성에 대한 빈약하고 편협한 견해이다. 엔진은 인간의 안락함과 즐거움의 양을 무한히 증가시켰으며, 전 세계에 걸쳐 부와 번영의 재료를 값싸고 접근하기 쉽게 만들었다. 요약하자면 미약한 인간의 손에 아무런 제한을 가할 수 없는 힘을 쥐여 주었고, 물질의 가장 다루기 힘든 특성에 대한 마음의 지배를 완성했고, 뒤에 오는 세대의 노동을 지원하고 보상하는 기계적 힘의 모든 미래 기적을 위한 확실한 기초를 놓았다. 이 모든 것 역시 한 사람의 천재에게 주로 빚을 지고 있다. 그리고 분명 어떤 사람도 인류에게 그와 같은 선물을 주지 못했다. 축복은 보편적일 뿐만 아니라 제한도 없다. 미숙한 동시대인이 감사를 잘못 표한 탓에 신격화된 쟁기와 베틀의 전설적인 발명가들은 지금의 증기 엔진 발명가보다 중요도에서 떨어지는 유익을 인류에게 주었다.

증기 엔진은 미래 세대의 와트의 명성이 될 것이고, 그의 종족과 나라에 충분하다. 그러나 그가 즉시 속하는 사람들에게, 그의 사회에 살고 그의 대화를 즐기는 사람들에게 아마도 그는 가장 자주 기억되고 - 가장 깊이 애석해하거나 - 심지어 가장 높게 칭송받는 사람은 아닐 것이다.

우리는 와트와 함께 명성을 크게 얻은 살아 있는 가장 큰 권위자이자 현재 글래스고 대학교의 총장인 켈빈 경의 말을 인용하면서 마치려고 한다.

제임스 와트가 140년 전에 글래스고 대학교의 작업장에서 만들고 실험했던 단동식, 고압, 주사기 엔진은 정확히 1901년 지금 폐증기를 받기 위해 공기로 냉각된 표면 콘덴서와 보일러로 물을 되돌리기 위한 펌프를 추가해 커먼로드 모터를 만들었다. 그것은 과거 몇 년 사이에 시도되고 만들어진 다양한 모터 중에서 가장 성공적이라는 훌륭한 판단의 의견이 많았다. 콘덴서가 없는 와트의 1761년의 고압 단동식 엔진은 실린더 덮개를 씌워 증기가 새지 않으면서 피스톤 로드가 실린더를 통과(이어진 개발에서 와트가 직접 도입한)하도록 실린더 덮개와 피스톤의 양쪽에서 증기를 주입해 팽창적으로 작동하게 하는 밸브가 필요할 뿐이었다. 그 엔진은 지난 세기에 세계의 모든 증기 작업을 실제로 수행했으며, 냉각수가 많은 강이나 호수나 바다를 제외하고 여전히 수행하고 있다. 동력을 추구하는 가장 고차원의 현대 경제가 증기 엔진을 통해 얻었던 심지어 두 배, 세 배, 네 배로 팽창하는 엔진은 와트가 발견하고 발표했던 팽창 원리를 기계적으로 훌륭하게 발전시킨 것이다. 비록 와트가 직접 만든 엔진에서는 그 원리가 비교적 제한된 범위에서 사용하긴 했어도 말이다.

* * *

따라서 1761년에서 1766년 사이의 5년 동안 와트는 모든 원리를 발견하고 현재의 가장 완벽한 증기 엔진에서 이를 실현하는 데 필요한 모든 것을 발명했다.

그렇게 와트는 "물질세계의 얼굴을 바꾸는 가장 강력한 도구를 인간이 손에 쥐여 준" 발견자이자 발명가로 보이게 된다. 그는 "모든 시대와 모든 나라의 모든 발명가의 맨 앞에" 자리를 차지한다.

11장
그 사람 와트

와트는 다른 사람을 훨씬 뛰어넘는 능력을 지닌 천재이자 과학자, 철학자, 기계공, 장인이며 모든 사교계의 상층부에서 공을 들이지 않고 사람을 끌었던 사람으로, 심지어 젊은 노동자일 때도 자신의 작업실을 글래스고 대학교의 지도급 인사들이 모이는 장소로 만들어 가장 높고 가장 난해한 주제에 대한 견해를 교환했다. 이 모든 것을 우리는 이미 언급했다. 이것은 더 고귀한 부분이 아니라 일부일 뿐이다. 그는 지식에서 모든 동료를 능가했지만, 그에게는 사람으로서 알아야 할 것 이상이 있다. 와트를 문제없이 최고의 위치로 올려놓았던 저 탁월한 재능들을 모두 벗겨낸다면,

왜냐하면 누구도 그보다 더 고집스럽게 그 전례를 피할 수 없었기 때문이라면, 다음과 같은 문제가 여전히 남는다. 그는 어떤 사람이었는가? 분명 우리의 독자들은 와트의 머리가 비상했기 때문에 그 질문의 절반은 해결되었을 것으로 간주할 것이다. 그렇다면 자연스럽게 와트의 심성은 어땠는가를 묻게 된다. 우리는 개인적 품위와 인격을 서둘러 기록하고, 심성이 훌륭하다는 증거를 풍부하게 확보하며, 발명과 발견에서 그랬던 것처럼 마음도 탁월하다는 것을 확신한다.

우리는 그를 잘 아는 사람들의 증언을 인용한다. 훌륭한 사람에게 그렇게 예찬자가 붙는 행운도 드물다. 그의 친구 제프리 경이 그린 그림은 초상과 칭송이 결합된 최고의 그림으로 선정되어야 한다. 와트의 개인 성격에 대해 다른 사람이 많이 증명하기 때문에 안목 있는 언급, 그러면서 칭송도 잘 받아들여질 수 있다. 제프리 경은 말한다.

기계 공학에서 그의 위대한 업적과는 별도로 와트 씨는 특별한 면에서, 그리고 여러 면에서 훌륭한 사람이었다. 아마도 그의 시대에 그렇게 정보를 정확하고 많고 다양하게 가진 사람은 없을 것이다. 그렇게 많이 읽거나, 읽은 것을 그렇게 정확하고 훌륭하게 기억했던 개인은 없을 것이다. 그는 무한히 빠르게 이해하며, 이해를 수정하고 조직하는 어떤 힘이 있었는데, 그것은 제시된 모든 것에서 어떤 귀중한 것을 추출하게 했다. 그는 잡다한 지식을 방대하게 저장했지만 항상 그것들을 통제했던 것보다 놀랍지는 않다. 마치 모든 주제가 그와 대화하면서 우연히 시작해 그가 지칠 때까지 연구하게 만드는 것 같았다. 그가 문제 없이 주저함 없이 쏟아부었던 주제의 정보는 풍부하고 정확하며 칭송할 만하게 명료했다. 이 지식의 신속함과 범위는 그가 일상으로 추구하는 연구와 어느 정도도 제한되지 않았다. 그가 화학과 예술, 그리고 대부분의 물리학 분야에 세세하고도 광범위하게 숙련되었을 것이라고 추측할 수 있지만, 그의 평소 업무로부터 그가 고고학, 형이상학, 의학, 어원학의 많은 분야를 호기심을 갖고 배웠고 건축, 음악, 법학의 세부 사항에 완벽하게 익숙했다는 사실은 아마도 추론할 수 없었을 것이며, 일반적으로 잘 알려지지 않았을 것이다. 또한 그는 현대 언어의 대부분을 잘 알고 있었으며 최근의 문학에도 익숙했다. 그 위대한 기계 공학자가 독일 논리학자의 형이상학 이론을 수 시간 동안 상세히 설명하거나 독일 시의 기준과 문제를 비판하는 것을 듣는 것은 놀라운 일이 아니다.

그의 놀라운 기억이 여전히 높고 희귀한 능력에 크게 도움을 받았다는 것은 의심의 여지가 없다. 그는 얻은 모든 정보를 소화하고, 알맞은 장소에 정리하고, 가치가 없거나 중요하지 않는 정보는 무엇이든 본능적으로 배제하고 거절했다. 그의 마음에 제시된 모든 인식은 즉시 다른 거대한 저장고에 자리를 잡으며 가장 작으면서도 가장 편리한 형태로 압축되는 듯했다. 따라서 그는 읽었던 따분한 책의 장황한 말이나 들었던 쓸모없는 소리에 전혀 지장을 받거나 당황하지 않아 보였다. 그러나 일종의 지적 연금술을 통해 주목할 가치가 있는 모든 것을 추출하고, 그 사용을 위해 진정한 가치가 있는 가장 단순한 형태로 그것을 축소했다. 따라서 보통의 학생이 원본을 가장 고통스럽게 연구해 얻은 것보다, 지겨운 작가의 이론과 논증에 대한 그의 간결하고 활발한 설명에서 훨씬 많이 배우는 일이 종종 일어났다. 그리고 오류와 불합리는 명료하고 분명하게 언급함으로써 드러나게 되었는데, 값을 따질 수 없는 그 귀한 도움이 없었더라면 그의 청자들은 그것들에 빠졌을지 모른다.

말할 필요도 없이, 그 방대한 자원 덕분에 그와의 대화는 언제나 보통의 수준이 아닌 풍부하고 유익한 시간이었다. 그렇지만 여전히 가능하다면 대화는 지적이기보다 즐거웠으며, 그것은 지식의 모든 중요한 보물 때문이었다. 어떤 사람도 정신에서 그보다 더 사교적일 수 없으며, 태도에서 그보다 거만하거나 까다로운 게 덜할 수 없으며, 다가오는 모든 사람에 대해 친절하고 관대한 게 더할 수 없었다. 적어도 그는 인생의 후반기에는 말하기를 좋아했고, 비록 대화의 상당 부분을 차지하긴 했어도 화제를 전환할 주제를 거의 제시하지 않고 자기 주위에 있는 사람들이 제시한 주제는 무엇이든 기꺼이 그리고 조용하게 취해 보통의 주제를 쓸모없고 빈약하게 제시하는 사람들이 무심코 팠던 광산에서 그가 캐낸 보물로 그들을 놀라게 했다. 그는 정말이지 담론의 주제로 어떤 것을 다른 것보다 더 선호하거나 편애하지 않았던 것 같다. 오히려 그는 백과사전처럼 그의 동료들이 찾아냈을 법한 어떤 편지에도 마음을 열었고, 그의 현재 청자들의 취향에 가장 맞출 수 있는 것들을 그의 소진되지 않는 창고에서 고르도록 노력했을 뿐이다. 역량은 그에게 아무 문제가 되지 않았다. 실제로 그는 모든 것을 분명하고 명료하고 알기 쉽게 만드는 뛰어난 재능이 있었기에 누구도 그의 앞에서 그런 결핍을 인식할 수 없었다. 또한 그의 이야기는 정보가 넘쳐 흐르긴 했어도 강의나 엄숙한 담론과 닮지 않고 반대로 구어체의 정신과 즐거움으로 가득했다. 그의 대화 대부분에는 어떤 조용하고 의젓한 유머가 흘렀으며, 온화한 익살이 있어 그의 주요 산물이자 성격을 만들었던 압축되고 소진되지 않는 정보에 무한한 묘미와 효과를 주었다. 그의 행동에는 자부심이나 평온함 이상의 어떤 노력이나 조급함이 없었다. 그의 태도에는 우리가 다른 사람을 만나 기억하는 것보다 더 훌륭한 내재된 힘의 표현과 침착함이 있었다. 그는 모든 종류의 주제넘은 행동, 행진, 허식을 극도로 혐오했으며, 정말이지 단호하고 분명하면서도 솔직하고 용맹스럽게 말과 행동으로 그런 속임수에 모든 반대를 표하는 것을 마다치 않았다.

그는 기질과 취향에서 친절하고 애정이 깊었을 뿐만 아니라 사려 깊었기에 주위 모든 사람의 감정을 배려했다. 그리고 어떤 재능의 징후를 보이는 사람이나, 그에게 후원이나 조원을 요청했던 젊은이는 누구든 후한 지원과 격려를 했다. 어렸을 때부터 약했던 그의 건강은 나이가 들면서 점점 강해졌고, 그의 존재의 마지막 순간까지 그의 특별한 지성과 그의 가장 행복한 날에 밝혔던 정신의 모든 쾌활함과 사교적 유쾌함을 온전히 발휘했다. 그의 친구들은 그가 1817년 가을에 스코틀랜드를 마지막으로 방문했을 때보다 더 지적으로 강렬하고 말에서 생기가 넘쳤을 뿐만 아니라 더 유쾌하고 유익했던 것을 보지 못했다. 실제로 모든 종류의 조각과 동상을 기계적으로 복제하는 기계의 발명에 어린 시절의 모든 열정을 쏟아부었던 때가 그 이후였다. 갓 83세의 나이에 들어선 젊은 예술가가 만든 것처럼, 그는 가장 초기의 성과물 중 일부를 친구들에게 나누어주었다.

*　*　*

학습과 과학에 종사하는 모든 사람이 그의 따뜻한 친구였다. 그리고 그런 성취에 대한 권리를 주장하는 사람에 대해서도 그는 질투심을 누그러뜨리며 살았고, 단 한 명의 적도 없이 생을 마감했다고 우리는 믿는다. 그의 온화한 성격과 완벽한 공정성과 너그러움의 영향이 그러했다.

그의 젊은 시절 가장 친했던 친구 로빈슨 교수는 그것을 기록한다.

모든 사람이 인정하는 그의 지식의 우월성에 그의 성격의 순박함과 솔직함이 결합할 때, 그의 지인들이 강력하게 호감을 느끼는 것은 당연하다. 나는 세상의 무언가를 보았으며, 그들보다 우월하다고 인정하는 한 사람에게 일반적이고 따뜻한 마음을 품는 그런 예를 보지 못했다고 말할 의무가 있다. 그러나 이 우월성은 가장 유쾌한 솔직함과 모든 사람에게 장점을 후하게 허용하는 것 속에 숨겨졌다. 와트 씨는 친구에게 먼저 독창성을 돌렸는데, 친구는 단지 추측할 뿐이었고 뒤이어 그것을 구체화한 것은 그인 경우가 매우 많았다. 나는 이 말을 할 자격이 있으며, 종종 나 자신의 경우에 그것을 경험했다. 이 유능한 원리의 지휘자, 시간과 공간의 축소자, 그의 구름이 많은 기계가 세상에서 변화를 만들고 특별한 효과를 내게 하는 이 마술사는 어쩌면 지금부터 느껴지고 있다. 그는 과학을 가장 심오하게 연구한 사람이자, 동력과 숫자를 가장 성공적으로 결합해 실용 목적에 적용한 사람이었다. 그는 가장 잘 알려지고 가장 친절한 사람 중의 한 명이기도 하다. 그는 봉사로 얻은 높은 평판을 질투하는 다수의 사람보다는 자신의 견해를 강하게 고집하지 않는 북부 지식인의 작은 무리에 둘러싸여 있었다. 나는 결코 보고 듣지 않을 것을 보고 듣는다고 생각하지 않는다. 그 친절하고 자비로운 노인은 모든 이의 질문에 생생하게 주의를 기울였고, 모든 사람의 명령에 대한 정보를 갖고 있었다. 그의 재능과 상상은 모든 주제에서 넘쳐 흘렀다. 그는 심오한 언어학자였던 한 신사와 마치 그가 카드모스*와 동시대의 사람인처럼 알파벳의 기원에 대해 이야기했다. 다른 한편으로 그는 저명한 비평가였다. 그 노인은 평생 정치경제학과 미문(美文)을 연구했다. 과학은 말할 필요도 없다. 이것은 그의 고귀한 발자취였다.

브로엄 경은 말한다.

우리는 이 걸출한 인물을 오직 그의 드러난 능력만을 보고서 그가 비옥한 천재성과 불굴의 인내로 인류에 유익을 준 사람으로 여긴다. 그리고 그의 지적 특징의 가장 훌륭한 초상은 그의 성취에 대한 묘사에서 발견되어야 한다고 생각한다. 그러나 사생활에서도 그를 살펴보는

---

* 카드모스(Cadmus): 그리스 신화에 나오는 페니키아의 왕자. 테베를 창건하고 알파벳을 그리스에 전했다고 한다. - 역주

것이 적절하다. 그는 모든 관계에서 나무랄 데가 없었다. 그의 활동은 한계가 없었고, 그의 취향은 까다롭지 않았다. 그는 모든 지식을 습득했고, 그가 가장 잘 알았던 것과 비교했을 때 중요도에서 떨어지는 주제의 토론에 관대했다. 수학과 천문학뿐만 아니라 식물학에 이르기까지 모든 과학에 부지런히 관심을 기울였지만, 시와 다른 허구의 작품을 즐기면서 고대 문학의 저장고에 가득한 가벼운 부류의 문학을 참을성 있게 읽었고, 평론가의 비판적인 평가와 어원의 추측에 관한 토론에 쉽게 빠지곤 했다. 그의 매너는 완벽히 자연스럽고 단순해 가장 매력이 있었다. 그의 대화는 그러한 저장고와 그러한 취향으로 예상할 수 있는 수준으로 풍부했다. 그리고 그의 마음속에 분명히 있게 보이듯이 탁월한 기억으로 정확히 보여주었기 때문에 듣는 사람을 깜짝 놀라게 했다. 마치 그의 마음속에는 각각의 특별한 기억을 위한 별도의 틈새가 있어 무가치하고 필요 없는 문제는 완전히 거부하는 듯해 보였다. 그의 마음에는 부채처럼 작동하는 어떤 훌륭한 기계가 있어 겨와 껍질을 날려 보내는 것 같았다. 그러나 그가 특별히 줄 수 있는 정보를 전달하면서 얻는 즐거움에서 오는 특별한 매력이 있기에, 매력이 생기는 어떤 대화든 솔직하게 참여했다. 그는 절대적 권위로 선언할 자격이 있는 문제에서도 결코 법을 내리지 않고 대화의 다른 참여자처럼 말했다. 나는 와트 씨와 수년에 걸쳐 교류하면서 그를 아는 것으로 행복했다. 그리고 그 기쁨을 알았던 모든 사람이 참여할 것이라고 확신하는 증언에 나설 것이다. 그의 엄청난 공개적 가치만을 아는 사람은 그의 가치의 절반만 아는 것이다. 그가 교류를 허락했던 사람들은 그가 전체 생활 습관과 대화에서 보였던 것보다 더 순수하고 솔직하고 소박하며, 더 철저하게 정의를 사랑하는 것이 사회에 전혀 알려지지 않았다고 인정할 것이다.

브로엄 경, 제프리 경, 다정한 월터 경, 그리고 다른 사람이 와트가 지닌 지식의 보편성과 그의 대화의 매력을 기술한 것은 캔터베리의 처음을 떠올리게 한다.

> 폐하께서 신학을 설명하시는 것을 들으면
> 감탄하며 마음속으로 그분께서
> 성직자가 되셨으면 하고 바라게 될 것입니다.
> 폐하께서 국사를 논하시는 것을 들으면

그분께서 학문에 전념하신다고 말할 걸요?
전쟁에 대해 하시는 말씀을 들으면
무서운 전투도 감미롭게 들릴 것입니다.
폐하께서 정치적 문제를 다루시면
복잡한 문제도 대님 풀듯 익숙하게 풀 것입니다.
폐하께서 말씀하시면
제멋대로 부는 바람도 잠잠해지고
사람들은 깜짝 놀라 입을 다물고
그분의 꿀처럼 달콤한 말에 귀를 쫑긋할 것입니다.*

와트가 이보다 다소 부족했더라면 왕은 분명 그렇게 크게 격찬을 받았을 것이고, 아마도 다재다능한 와트보다 더 크게 받았을 것이다.

잠열의 발견자인 블랙 박사는 그의 임종 때에 와트의 특허가 지속되었다는 소식을 듣고서 잠시나마 사람에 대한 관심을 회복했다. 그는 "와트에게 유익이 되는 무엇이든 기뻐하지 않을 수 없다"라고 속삭였다.

총리 리버풀 백작은 와트가 다음 때문에 놀랍다고 했다.

---

* 셰익스피어의 〈헨리 5세〉 1막 1장에 나오는 구절이다. – 역주

그는 성격이 단순하고 본성이 겸손하며 추측과 허식 같은 것이 없었다. 그는 위대하고 권력 있는 사람뿐만 아니라 그가 속한 과학계의 사람에게도 주제넘게 나서지 않았다. 삶의 모든 관계에서 그보다 더 훌륭하고 칭찬할 만한 사람은 결코 존재하지 않는다고 나는 믿는다.

와트라는 사람은 가장 좋은 땅에 뿌려진 씨앗으로 모든 피조물 중에서 최고의 것으로 우리의 모범이 되는 것은 의심의 여지가 없다. 그는 발명가이자 발견자로서 능력이 탁월하기 때문에 우리의 독자들은 그가 삶의 모든 관계에서 사람으로서의 자질이 그의 실적에 미치지 못한다고 느끼도록 설득받았다. 이것들은 별개로서 그에게서 끝이 난다. 우리의 동료인 그의 미덕과 매력은 꾸준히 빛을 발하고 앞으로 나아갈 시대의 후손들에게 빛날 것이다. 우리는 그의 미덕과 매력이 우리를 이끌고, 그의 친구가 "삶의 모든 관계에서 그보다 더 훌륭하고 칭찬할 만한 사람은 없다"라고 선언했던 그런 자질을 습득하기 위한 길로 우리를 향하게 할 것을 믿는다. 사람에게 주어진 고귀한 칭송에서 그보다 더한 것은 없으며, 그것은 과분하지 않다.

와트는 그런 사람, 즉 사람을 끌어당기고, 유쾌하고, 인상적이며, 평생 친구들에게 알려 주고 그들보다 우월하게 굴지 않으며 어쩌면 그들보다 못한 사람으로 비쳤다.

그의 생애는 온유했고, 그의 안에서 구성 요소들이 혼합되어 자연의 신이 일어나 온 세상에 '이것이 인간이다'라고 말했을 것이다.

제임스 와트

초판1쇄 발행 | 2017년 12월 11일

지은이 | 앤드류 카네기
옮긴이 | 이은종

발행처 | 주영사
발행인 | 이은종
등록번호 | 제379-3530000251002006000005호
등록일 | 2006년 7월 4일(최초 등록일 2006년 3월 7일)
주 소 | 경기도 성남시 수정구 산성대로 437번길 7, 112동 103호
전 화 | 031-626-3466
팩 스 | 0505-300-2087
홈페이지 | http://juyoungsa.net
이메일 | juyoungsa@gmail.com

ISBN 978-89-94508-25-2 03990

* 잘못된 책은 바꾸어 드립니다.
* 책값은 표지에 있습니다.

국립중앙도서관 출판예정도서목록(CIP)

제임스 와트 / 지은이: 앤드류 카네기 ; 옮긴이: 이은종. --
성남 : 주영사, 2017
  p. ;   cm

원표제: James Watt
원저자명: Andrew Carnegie
영어 원작을 한국어로 번역
ISBN 978-89-94508-25-2 03990 : ₩13000

발명가[發明家]
전기(인물)[傳記]

507.5099-KDC6
608.092-DDC23   CIP201703004